Instruyendo al Niño

Instruyendo al Niño

Padres Con Éxito Para la Próxima Generación

DANIEL L. SWITZER, Ed. D.

Con un Prefacio por
DAVID J. RUDOLPH, PH. D.

Lederer Books
A division of
Messianic Jewish Publishers
Clarksville, MD 21029

Diseño de portada: Josh Huhn, Design Point, Inc.

2015 1

ISBN13: 978-1-936716-79-1

Library of Congress Control Number: 2015931030

Lederer Books
Una división de
Messianic Jewish Publishers
6120 Day Long Lane
Clarksville, Maryland 21029

Distribuido por
Messianic Jewish Resources International
(800) 410-7367
Correo electrónico: lederer@messianicjewish.net
Sitio de Internet: www.messianicjewish.net

La corona del anciano son sus nietos,
el orgullo de los hijos son sus padres.
Proverbios 17:6

Este libro es dedicado a mis padres,
Thurlow y Lynda Switzer,
que fielmente y con mucho amor instruyeron a sus cuatro hijos
en principios de la Palabra de Dios.
Les doy las gracias y los honro por su amor,
su ejemplo, su convicción piadosa,
y su relación transparente con el Señor.

Contenido

Agradecimientos

Me gustaría agradecer a un número de personas que contribuyeron a hacer este libro una realidad. Mi amigo, David Rudolph me ánimo a través del proceso de presentación, redacción, y revisión. El también gentilmente me proporciono conocimientos técnicos y ayuda con la edición final.

Estoy muy agradecido con el discipulado de hombres en la Iglesia de la Comunidad Northgate, en Gaithersburg, Maryland por su apoyo. Sus oraciones me motivaron durante el proceso.

Le tengo mucho aprecio a Barry Rubin, el presidente de Messianic Jewish Publishers, por su dirección y apoyo. El me desafió a buscar la excelencia con este manuscrito. Su asistente ejecutivo, Rebecca Hoffman, me ayudo bastante al facilitar el proceso de revisiones. Joshua Rosenthal trabajo conmigo pacientemente en perfeccionar mi estilo de escribir.

Adicionalmente, estoy muy agradecido con mi cuñada, Teresa Bendaña-Perez, por haber traducido este libro al español. Su diligencia y fidelidad fueron muy importantes para poder completar este proyecto. Aprecio su compromiso a la excelencia en hacer el contenido de este libro accesible a hispanohablantes.

Mi esposa, Silvia Switzer, fue instrumental en ayudar a organizar el contenido en la forma más eficaz y me proporcionó muchas anécdotas para el libro. También me ayudó en el reviso de la traducción del libro al español. Silvia es un tesoro, una compañera en el sentido más puro de la palabra, y una madre llena de gracia para nuestros cuatro hijos.

Finalmente, le doy a Dios toda la gloria por darme este privilegio para compartir lo que él me ha enseñado. Estoy sumamente agradecido con el por haber capturado mi vida y lo considero un honor poder ser su amigo.

Prefacio

Yo recuerdo los meses antes del nacimiento de la primera hija de Dan Switzer. Dan parecía un cohete listo para despegar al mundo de padre. El no podía esperar más. Era como el destino de su vida pronto se cumpliría. Cuando Anna al fin nació, el amor de Dan se derramó ante Anna como agua de una jarra. Dan ya era padre y el hombre más feliz en la tierra.

Dios creó la relación entre padre e hijo para reflejar un amor relacional que existe dentro de Dios mismo. Por esta razón, debemos con regularidad regresar a Dios y a su Palabra para poder comprender la importancia de esta verdad. Dan busca al Señor vez tras vez para la sabiduría necesaria para criar a los niños en el Señor: y ahora ha hecho sus descubrimientos disponibles a nosotros en este libro, un verdadero tesoro de sabiduría y experiencia que el Dr. Switzer ha coleccionado a través de los años.

Instruyendo al Niño es único en varios aspectos. Primeramente, atrae profundamente de fuentes bíblicas. En casi cada página, escrituras son citadas y aclaradas para que el lector pueda escuchar la Palabra de Dios y ser animada por ella. Padres harán bien subrayando estos pasajes bíblicos y memorizándolos como manera de internalizar esta sabiduría divina y consejo.

Segundamente, porque el Dr. Switzer ha sido director de una escuela mesiánica por once años, el conocimiento de los sabios judíos informa su enfoque a la crianza de sus hijos. Esto agrega a la riqueza de *Instruyendo al Niño* y lo que hace este libro diferente a otros libros que guían a los padres. A la misma vez, porque la familia de Dr. Switzer y su iglesia no son judía mesiánica, sino cristiana, el es capaz de hablar de manera más amplia a la experiencia de los Judíos y Gentiles en el Cuerpo del Mesías.

Una tercera característica que distingue este libro de los demás es la experiencia personal que el Dr. Switzer trae a este tema que es el ser padre. Además de ser director de una escuela, el Dr. Switzer es un pastor, un director de un campamento de verano, un entrenador de baloncesto y fútbol, y padre de cuatro niños. Dr. Switzer no solo nos presenta con teoría en este libro, pero también sabiduría probada por el tiempo que ha funcionado para un sinnúmero de padres.

Durante los últimos diez años, he tenido el privilegio de servir con Dan en varias capacidades y lo encomiendo al lector como una de las personas más como Yeshúa que he conocido. El es puro de corazón, humilde y *mentsch* (una buena persona) en todo sentido de la palabra. Una de sus Escrituras favoritas es Gálatas 2:20, "Cuando el Mesías fue ejecutado sobre la estaca como un criminal, yo también lo fui, de manera que mi ego orgulloso ya no sigue vivo, sino que el Mesías vive en mí y la vida que vivo ahora en mi cuerpo la vivo con la misma fe confiada que tuvo el Hijo de Dios, que me amó y se entregó por mí."

Yo siento que la pasión que tiene Dan para ser padre está profundamente arraigada en su identificación con el crucificado y resucitado Mesías quien reveló el amor del Padre a sus discípulos (Juan 14:9). Dan y su esposa Silvia ven a sus hijos como discípulos queridos en cual el Señor ha confiado a ellos. ¿No es así como nosotros debemos ver a nuestros propios hijos, como discípulos muy preciados? Lo animo a usted, el lector, deje que el Dr. Switzer, a través de este libro, lo guie en como discipular a sus propios hijos. Usted va aprender de un maestro.

DAVID J. RUDOLPH, Ph.D (Cambridge)

Introducción

El nacimiento de cada uno de mis hijos me dio energía para el resto de mi vida. La inspiración que me vino cuando cada hijo nació, me motivó a mejorar cada aspecto de mi vida. Aun mi compromiso al Señor se renovó.

La noche en la cual mi hijo Caleb nació, fui a casa y me postré ante al Señor a orar. Mi oración expresó mi gran deseo de ser un ejemplo del amor de Dios a mi hijo para instruirlo en la manera que debe ir. Me comprometí a ser un fiel hombre con el tiempo que Dios me ha dado con él en esta tierra. Me llené de mucho propósito.

Porque soy director de una escuela mesiánica judía, padres a menudo comparten sus experiencias conmigo. De estas conversaciones, he aprendido que el tener un hijo muchas veces cambia la perspectiva de una persona. La responsabilidad repentina de esta vida tan preciosa hace a padres y madres darse cuenta que sus vidas tienen que cambiar. El tener un hijo muchas veces motiva a padres a acercarse al Señor, ordenar sus vidas, y a buscar consejo de cómo criar esta nueva vida.

El propósito de este libro es equipar a padres con herramientas Bíblicas de cómo entrenar a sus hijos. Mi deseo es que padres abracen esta tarea con la confianza que solo el Señor puede proveer. Con la crianza de niños, así como con cualquier gran esfuerzo, es esencial entender nuestro propósito. Y para el propósito tenemos que dirigirnos a la Palabra de Dios. Dios nos ha dado la Biblia para ser nuestra guía para vivir. La Biblia contiene verdades, que si son aplicadas, resultarán en bendición. Las Escrituras proveen a padres con propósito y motivación para criar niños.

¿Por qué hacemos el esfuerzo diario de entrenar y educar a nuestros hijos? El *Sh'ma* (Deuteronomio 6:4–9) nos ayuda a contestar esta pregunta:

> Escucha, Israel: El Señor nuestro Dios es el único Señor. Ama al Señor tu Dios con todo tu corazón y con toda tu alma y con todas tus fuerzas. Grábate en el corazón estas palabras que hoy te mando. Incúlcaselas continuamente a tus hijos. Háblales de ellas cuando estés en tu casa y cuando vayas por el camino, cuando te acuestes y cuando te levantes. Átalas a tus manos como un signo; llévalas en tu frente como una marca; escríbelas en los postes de tu casa y en los portones de tus ciudades.

Nuestro llamado es enseñar a nuestros hijos a amar a Dios con todos los aspectos de sus seres. Cuando le preguntaron a Yeshúa cuál era el mandamiento más importante, el repitió el *Sh'ma* y dijo que hay que amar a Dios con todo nuestro corazón, con toda nuestra alma, con toda nuestra mente, y con toda nuestra fuerza. La educación de nuestros hijos debería enfocarse en estos aspectos también. Con lo que se refiere al corazón, por ejemplo, podemos desarrollar una sensibilidad en nuestros hijos hacia el Señor en alabanza. Con lo que se refiere al alma, podemos ayudar a nuestros hijos a servir al Señor con mucha pasión. Con lo que se refiere a la mente, podemos aconsejar a nuestros jóvenes a entender que la batalla espiritual se gana o se pierde en la mente; ellos tienen que aprender como tomar capto cada pensamiento y hacerlo obediente al Señor. Nuestros niños pueden aprender como amar a Dios con todo su corazón, con toda su alma, con toda su mente, y con toda su fuerza mientras juegan en su equipo de fútbol, mientras estudian en la escuela, o mientras hablan con sus amigos. Una parte integral de cómo ayudar a nuestros hijos a desarrollar un amor hacia Dios es enseñándoles como darle su todo a él. Colosenses 3:23 dice, "Sea cual fuere el trabajo que hagáis, hacedlo bien, como aquellos que no solo están sirviendo a otras personas, sino al Señor." ¡El amar a Dios es la entrega total a él!

Hemos notado que nuestro hijo Caleb toma todo lo que decimos muy a pecho. Cuando yo estaba entrenando su equipo de baloncesto, yo lo animaba a jugar con todo lo que él tenía para el Señor. Yo veía como mi hijo aplicaba lo que le había enseñado; como amar a Dios con todo su corazón, su alma, su mente, y su fuerza en todo lo que él hacía.

Necesitamos aprender cómo dar nuestro todo a Yeshúa. Amar a Dios con todo lo que tenemos y el ayudar a nuestros hijos hacer los mismo, me llena de propósito como padre. ¡Personas que aman a Dios viven vidas excelentes porque dan el cien por ciento al Señor!

Además de esto, como dice el *Sh'ma*, deberíamos de manejar la Palabra de Dios todo el día; al principio del día, a mediados del día, y al final del día. Deberíamos de buscar oportunidades para escribir los principios de Dios en los corazones de nuestros hijos. Uno de mis recuerdos más especiales es de mi mamá orando por mí, al lado de mi cama antes de irme a dormir. Ella me daba de su tiempo y me hablaba para ayudarme a resolver los cuidados del día, y para edificarme en el Señor.

¿Ha considerado usted que la directiva de Yeshúa en Mateo 28:19-20 incluye una misión muy significante para padres? Yeshúa le dijo a sus discípulos que hicieran más discípulos y que les enseñaran sus mandamientos. Claro que nuestros hijos deberían ser nuestros primeros discípulos. Ellos constantemente necesitan que nosotros les presentemos el reto de acercarse más y más hacia el Señor. Esta relación con él es cultivada a través de la oración, la Biblia, la alabanza y el ejercer la fe mientras crecen en el conocimiento de la presencia de Dios en sus vidas. Nosotros tenemos que recordar que el Señor está con nosotros mientras discipulamos a nuestros hijos.

Los principios desarrollados en este libro van a equiparlos a ustedes como padres. Uso muchas anécdotas de mi trabajo en la escuela, igual como de mi familia, para ilustrar como aplicar estos principios. Muchas de estas anécdotas son de mis diarios que he guardado para cada uno de mis hijos.

Mi suposición es que si usted está leyendo este libro, usted es un padre. Yo comparto con usted como un padre hablándole a otro padre sobre esta gran aventura de entrenar a nuestros hijos en el Señor.

Primera Parte

Principios Bíblicos en la Crianza de los Hijos

La palabra del Señor necesita penetrar nuestras vidas y hacer una diferencia en como nos relacionamos con nuestros hijos. Al leer e internalizar su Palabra, lograremos comprender como Dios se relaciona con nosotros como un padre lleno de amor. Esto nos ayudará a tener una perspectiva saludable y balanceada hacia nuestros propios hijos. Romanos 8:15-16 nos recuerda de nuestra relación de padre e hijo con el Señor:

> Porque no habéis recibido un espíritu de esclavitud para someteros de nuevo al temor, sino todo lo contrario, habéis recibido el Espíritu, que nos convierte en hijos y mediante cuyo poder clamamos: "¡*Abba*! (es decir: "querido Padre"). El Espíritu mismo da testimonio con nuestros propios espíritus de que somos hijos de Dios.

Con esta perspectiva en mente, vamos a dirigirnos hacia los siguientes principios bíblicos: nuestra responsabilidad, teniendo una imagen real del Señor, viviendo según las Escrituras, teniendo una visión para cada niño, respetando la autoridad, usando nuestra autoridad, y declarando la victoria del Mesías.

Capitulo 1

Nuestra Responsabilidad

Las Escrituras nos dicen que los padres de familia tienen una responsabilidad sagrada de enseñar a sus hijos. Deuteronomio 11:19 nos incita como padres a enseñar la palabra de Dios a "...sus hijos y repítanselas cuando estén en su casa y cuando anden por el camino, cuando se acuesten y cuando se levanten." Esto debe ser una actividad continua y diaria. Proverbios 22:6 enseña, "Instruye al niño en el camino correcto, y aun en su vejez no lo abandonará." Efesios 6:4 dirige a los padres a criar sus hijos "con la clase de disciplina y guía del Señor." Las expectativas del Señor son que nosotros abarquemos la responsabilidad de entrenar e instruir a nuestros hijos. Como el Rabino Abraham Twersky y Ursula Schwartz nos recuerdan, nosotros somos responsables de estas preciosas vidas puestas a nuestro cargo:

> Con Dios como pareja íntima en la crianza de los hijos, no podremos hablar acerca de "tener" un hijo como alguna posesión personal, lo cual implicamos en nuestro lenguaje común. Es más, tener un hijo significa estar puesto a cargo con una responsabilidad. Un niño es un regalo de Dios elegido específicamente para nosotros y puesto a nuestro cargo para ser cuidado, criado, y preciado. (Twerski y Schwartz, 24).

Puedo recordar mi emoción cuando mi esposa, Silvia, me dijo que estaba embarazada con nuestra hija. Silvia había tenido complicaciones concibiendo. Por años oramos por un bebé. Al recibir las noticias de su embarazo y el subsiguiente nacimiento de nuestra hija, Anna, estuvimos llenos de alegría con este precioso regalo del Señor. El nacimiento de nuestra hija fue una experiencia espiritual; sentí que el Señor me inspiró al ser un padre por primera vez. Si usted ha tenido hijos, estoy seguro que puede identificarse con esta situación.

Anna fue otorgada a nosotros por el Señor, y esto no es algo que debe tomarse ligeramente. My esposa y yo recibimos la seriedad de nuestra misión de entrenarla en el Señor. Yo sentí que tan solo viendo a mi hija podía ver que ella estaba llena de propósito, determinación, y valor para la vida que se le enfrentaba. En camino a casa desde el hospital, derramé lágrimas de alegría por ella, y la encomendé ante las manos de Dios.

Nuestra Motivación

Salmo 78:1–7 nos motiva a enseñarle a las futuras generaciones acerca del Señor:

> Pueblo mío, atiende a mi enseñanza; presta oído a las palabras de mi boca. Mis labios pronunciarán parábolas y evocarán misterios de antaño, cosas que hemos oído y conocido, y que nuestros padres nos han contado. No las esconderemos de sus descendientes; hablaremos a la generación venidera del poder del Señor, de sus proezas, y de las maravillas que ha realizado. Él promulgó un decreto para Jacob, dictó una ley para Israel; ordenó a nuestros antepasados enseñarlos a sus descendientes, para que los conocieran las generaciones venideras y los hijos que habrían de nacer, que a su vez los enseñarían a sus hijos. Así ellos pondrían su confianza en Dios y no se olvidarían de sus proezas, sino que cumplirían sus mandamientos.

Estoy agradecido con mi bisabuelo quien dio su vida al Señor y con mi abuelo por ser un hombre de Dios. Él, junto con mi abuela, criaron a mi padre, quien con mi madre y con mucha fe me criaron a mi y mis hermanos en el Señor. Y ahora Silvia y yo buscamos instruir a nuestros hijos según la palabra de Dios.

El propósito transgeneracional del Señor es convincente. Las generaciones que nos siguen deben aprender sus decretos. Nuestros hijos deben conocer a su Creador y comprender como Él los creó para vivir, porque esto los preparará a elevar las generaciones que siguen para el Señor.

El Mandamiento de Dios ante los Niños

Justo como Dios dirige a los padres a enseñarle a sus hijos, el instruye a los niños a obedecer y honrar a sus padres—¡y por buena razón! Colosenses 3:20 dice "Hijos, obedeced a vuestros padres en todo, porque esto complace al Señor." Dios espera que nuestros hijos nos obedezcan tal y cuanto nosotros somos fieles siguiendo a Yeshúa el Mesías: "Hijos, lo que debeis hacer en unión con el Señor es obedecer a vuestros padres, porque esto es justo (Efesios 6:1).

Es más, los niños tienen un gran incentivo para honrarnos, según dice claramente el quinto de los Diez Mandamientos, "Honra a tu padre y a tu madre, como el SEÑOR tu Dios te lo ha ordenado, para que disfrutes de una larga vida y te vaya bien en la tierra que te da el SEÑOR tu Dios" (Deuteronomio 5:16). La promesa que encontramos en este mandamiento es reafirmada in Efesios 6:3, "para que os vaya bien y para que viváis durante largo tiempo en la Tierra."

Honrar los padres es algo tan serio como el deber de honrar a Dios mismo:

> Los rabinos aprendieron: Dice, "Honra tu padre y tu madre" (Shemot [Exodo] 20:11), y también dice, "Honra Ha Shem [El Señor] con tu dinero" (Mishlei [Proverbios] 3:9). El Tora hace que el honor que uno debe mostrar ante su madre y su padre equivalga al honor que se debe dar a HaShem.
>
> Dice, "El hombre debe estar en admiración de su padre y madre" (Vayikra [Levitico] 19:3, y también dice, "Debe estar en admiración de HaShem, su Dios" (Devarim [Deuteronomio] 12:20. El Tora hizo que la admiración que uno debe tener hacia su madre y su padre equivalga a la admiración de HaShem. (Ta'aseh, 136)

El mandamiento que nos pide honrar nuestros padres debe ser tratado justo como eso–un mandamiento del Señor. No es una opción; es un caso serio ante el Señor que los niños honren a sus padres. Esos niños que cumplen con este mandamiento van a ser bendecidos por toda sus vidas.

Una Responsabilidad Importante

Las Escrituras relatan en lenguaje gráfico las severas consecuencias al no enseñar y instruir a nuestros hijos. Si no enseñamos a nuestros niños según la Palabra de Dios, es como si estuviéramos maldiciéndolos. El Libro de Proverbios está lleno de referencias a "mi hijo" y le provee mucha motivación a los padres para que tomen esta responsabilidad seriamente. Por ejemplo, Proverbios 29:15b dice, "el hijo malcriado avergüenza a su madre."

1Samuel 3:13 expresa las consecuencias de la inhabilidad que tuvo Elí de refrenar a sus hijos: "Ya le dije que por la maldad de sus hijos he condenado a su familia para siempre; él sabía que estaban blasfemando contra Dios y, sin embargo, no los refrenó." Eventualmente, el juicio de Dios ante la familia de Elí impacto toda la nación: "Entonces los filisteos se lanzaron al ataque y derrotaron a los israelitas, los cuales huyeron en desbandada. La matanza fue terrible, pues de los israelitas cayeron treinta mil soldados de infantería. Además, fue capturada el arca de Dios, y murieron Ofni y Finés, los dos hijos de Elí" (1 Samuel 4:10–11).

Somos responsables por aquello que influye a nuestros hijos, no podremos pasarle la culpa a alguien o algo más. Jueces 2:10–11 describe el fracaso de una generación de padres y las consecuencias de ese fracaso:

> También murió toda aquella generación, y surgió otra que no conocía al Señor ni sabía lo que él había hecho por Israel. Esos israelitas hicieron lo que ofende al Señor y adoraron a los ídolos de Baal.

Por otra parte, si tomamos nuestra responsabilidad seriamente, vamos a recibir la bendición de Dios. Muchos proverbios hablan del resultado positivo de la crianza bíblica. Proverbios 29:17

nos incita, "Disciplina a tu hijo, y te traerá tranquilidad; te dará muchas satisfacciones." Si somos fieles al enseñar y disciplinar a nuestros hijos, eventualmente veremos las bendiciones.

Tenga Fe en Dios

Habacuc 2:4 dice, "El insolente no tiene el alma recta, pero el justo vivirá por su fe." Como creyentes en Yeshúa el Mesías somos llamados a vivir con fe. Es más, nuestro padre Abrahán fue declarado justo porque él creyó en Dios. Al criar a nuestros hijos, nosotros necesitamos caminar en la fe que Dios nos brinda.

Mediante que vamos aplicando la Palabra de Dios en la formación de nuestros hijos, y oramos para que el trabajo de Dios sea hecho en sus vidas, el Señor va mostrar su fidelidad. Ester 2:7 dice de Mardoceo que "tenía una prima llamada Jadasá. Esta joven, conocida también como Ester, a quien había criado porque era huérfana de padre y madre, tenía una figura atractiva y era muy hermosa. Al morir sus padres, Mardoqueo la adoptó como su hija." Aquí la palabra hebrea "criada" es afín a la palabra hebrea "fe". Como el Rabino Shmuel Brog nota, "Todo *chinuch* (enseñanza) se origina en el sentimiento de fe que viene del padre y el educador; fe en la innata potencia de un niño y una creencia que, eventualmente, todo lo que bueno y bello en el florecerá (Cohen, xxx). ¡Nuestra labor es, en efecto, una aventura de fe!

Capitulo 2

Una Visión Precisa de Dios

Hoy en día, en nuestra sociedad, hay muchas visiones diferentes de Dios. Cuando ocurre una tragedia, una gente duda la existencia de Dios, preguntándose, "¿Cómo pudiera un Dios de amor permitir que ocurriera tal tragedia?"Otros han crecido sin experimentar las consecuencias de sus malas acciones, es por eso que ellos no creen que Dios los castigaría por sus pecados, es más "un Dios de amor no haría tal cosa". Estas perspectivas no reconocen que Dios creyó a toda la humanidad con la libertad de poder aceptar o rechazarlo. También, no reconocen las consecuencias del pecar.

Es importante tener una visión precisa de Dios. Comprendiendo el corazón que tiene el Señor hacia sus hijos puede ayudarnos a comprender la perspectiva que deberíamos tener hacia nuestros propios hijos. Por ejemplo, Jeremías 31:20 nos dice que Dios deleita en sus hijos:

> ¿Acaso no es Efraín mi hijo amado? ¿Acaso no es mi niño preferido? Cada vez que lo reprendo, vuelvo a acordarme de él. Por él mi corazón se conmueve; por él siento mucha compasión—afirma el *Señor*—.

Yeshúa deleita en los niños. El dijo, "Dejad a los niños venir a mí y no se lo impidáis, porque el Reino de los Cielos pertenece a los que son como ellos" (Mateo 19:14).

Cuando mi hijo, Nehemiah, estaba pequeñito, el y yo jugábamos en el suelo, dándonos cosquillas, y reíamos mucho. Esto era una oportunidad en la cual yo comunicaba mi deleite a él. Una noche en particular, Nehemiah miró a mis ojos como nunca lo había hecho antes. Me quité los lentes y Nehemiah vio aun más profundo a mis ojos. Parecía que él había descubierto algo que jamás había visto. El y yo paramos de jugar y nos tomamos el tiempo para compartir nuestro amor del uno al otro. Aproximadamente un año después, tuvimos una experiencia similar. Solo que esta vez Nehemiah se vio a el mismo en mis ojos. Silvia y yo nos reímos un rato cuando escuchamos que Nehemiah le contaba a su primo que me mirara a los ojos para verse a sí mismo. Nehemiah ahora cree que su imagen esta permanente grabada en mis ojos. Como padres necesitamos comunicar deleite a nuestros hijos.

Nuestro Señor nos da la bienvenida como sus hijos, aun cuando hemos desobedecido. La parábola del hijo Pródigo y la forma la cual respondió su padre al regresar muestra ser algo poderoso: "Pero cuando se encontraba todavía a una gran distancia [el hijo prodigo], su padre le vio y sintió lastima de el. Corrió y puso sus brazos alrededor de él y le besó con cariño" (Lucas 15:20).

Todo lo que sabe Dios de nosotros, y su amor hacia nosotros, no conoce fronteras. Salmo 139 expresa el grado en el cual Dios nos esmera:

> SEÑOR, tú me examinas, tú me conoces. Sabes cuándo me siento y cuándo me levanto; aun a la distancia me lees el pensamiento. Mis trajines y descansos los conoces; todos mis caminos te son familiares. No me llega aún la palabra a la lengua cuando tú, SEÑOR, ya la sabes toda. Tu protección me envuelve por completo; me cubres con la palma de tu mano. Conocimiento tan maravilloso rebasa mi comprensión; tan sublime es que no puedo entenderlo...Tú creaste mis entrañas; me formaste en el vientre de mi madre. ¡Te alabo porque soy una creación admirable! ¡Tus obras son maravillosas, y esto lo sé muy bien! Mis huesos no te fueron desconocidos cuando en lo más recóndito era yo formado, cuando en lo más profundo de la tierra era yo entretejido.

> Tus ojos vieron mi cuerpo en gestación: todo estaba ya escrito en tu libro; todos mis días se estaban diseñando, aunque no existía uno solo de ellos. (Salmos 139:1–6, 13–16)

Claramente, Dios nos conoce, nos ama, y considera cada uno de sus hijos especiales. Nosotros necesitamos emular este ejemplo.

Mientras nuestros hijos trabajen a través de las experiencias de sus vidas, es importante que nosotros comuniquemos el corazón del Señor ante ellos, aun cuando ellos no "den al blanco". Cuando uno de nuestros hijos tenía seis años, el vino ante nosotros muy consternado con algo que él había hecho. El nos confesó una ofensa bastante seria. Aunque si estábamos muy tristes que él había cometido tal pecado, tuvimos cuidado y le aseguramos a nuestro hijo que nuestro amor incondicional hacia él no cambia, sin importar lo que haya pasado. Nuestro hijo entendió que su relación de amor con sus padres permanecía intacta.

Nosotros podemos aprender bastante acerca de cómo podemos relacionarnos con nuestros hijos al estudiar como nuestro Padre se relaciona con nosotros. No se trata de si estamos emulando perfectamente a Dios ante nuestros hijos, se trata acerca de si estamos formando una relación basada en confianza con ellos, basada en amor y no temor. ¿Comunicamos con frecuencia deleite sobre nuestros hijos? ¿Saben ellos que los amamos sin importar el que? Conociendo el corazón del Señor para nosotros nos motiva a comunicar este tipo de amor hacia nuestros hijos.

Ayudando a Nuestros Hijos Recibir el Amor de Dios

Cuando tenemos una visión de Dios precisa, nosotros podemos ayudar a nuestros hijos a crecer en el amor de Dios. Con este conocimiento, nosotros deberíamos enfatizar el amor de Dios para nuestros hijos y nuestro amor por ellos desde su infancia. Mi esposa y yo hemos hecho esto de una manera muy apasionada. Con mucho entusiasmo decimos cosas como, "¡Te amo tanto!" Cuando mi hija tenía tres años, ella nos mostró que si entendía lo que le comunicábamos con tanta frecuencia al idear una expresión para nuestra familia: "¡Te amo tanto y aun más!" A menudo busco comunicar el gran amor de nuestro Padre a mis hijos a la misma vez que expreso el amor personal que tengo por ellos.

Al tanto que nuestros hijos puedan comprender el amor de Dios por ellos, ellos podrán amar a su prójimo. Nosotros podemos ayudarlos en este empeño. Romanos 13:9-10 dice, "Porque los mandamientos...se resumen en esta norma: 'Amarás a tu prójimo como a ti mismo.' El amor no perjudica al prójimo, por lo tanto el amor es el cumplimiento de la Torah." Nuestros hijos necesitan enfocarse en amar a otros, en vez de egoístamente enfocarse en sus propios deseos.

Cualquier padre con varios hijos comprende los retos de la rivalidad entre los hermanos. La rivalidad entre hermanos puede que sea bastante frustrante, pero provee una oportunidad para enseñarles a nuestros hijos a amar a su prójimo. ¡Es necesario que ellos empiecen a seguir este mandamiento al amar sus propios hermanos! Como padre de cuatro niños, parece que estoy diciéndoles constantemente que vivan en harmonía y que caminen juntos en paz. Como Salmos 34:14 nos desafía: "Busque la paz y la siga."

Nuestro tercer hijo se llama Nehemiah, que significa "reconfortado por el Señor." ¡A Nehemiah le gusta "confortar" a su hermano mayor a través de la lucha libre! Afortunadamente, Caleb le da gusto a su hermano menor; él se está convirtiendo en niño que ama su prójimo. (A la misma vez, Silvia y yo estamos trabajando duro para ayudar a Nehemiah entender cuando es y no es apropiado jugar a la lucha libre con los demás.)

Un Sano Temor a Dios

Una visión exacta de Dios nos encamina a un temor sano de Él. Este temor de Dios no es un temor que nos acobarda al estar al frente de un ser temperamental que nos quiere destruir. Este es un temor de asombro del Creador del universo, uno cual nos ama cariñosamente.

Cuando demostramos nuestro respeto, aceptamos la seriedad de nuestra responsabilidad. Hay una bendición que Dios nos otorga a nosotros y nuestros hijos cuando lo reverenciamos: "Pero el amor del SEÑOR es eterno y siempre está con los que le temen; su justicia está con los hijos de sus hijos, con los que cumplen su pacto y se acuerdan de sus preceptos para ponerlos por obra" (Salmos 103:17-18).

A través de la reverencia hacia Dios, nosotros podemos impartir a nuestros hijos una comprensión bíblica sana de culpa verdadera en vez de culpa falsa. Romanos 2:15 nos dice, "Porque sus vidas muestran que la conducta que dicta la Torah está escrita en sus corazones. Sus conciencias también dan testimonio de ello, porque sus pensamientos conflictivos a veces les acusan y otras veces les defienden." Verdadera culpa ocurre cuando una ley ha sido quebrada. Se trata de una cuestión objetiva del bien y del mal. Dios usa verdadera culpa para motivarnos a alejarnos del pecado y buscarlo a Él.

Cuando yo era joven, estaba manejando a casa con una amiga después de una clase con una amiga cuando la policía me detuvo. Yo viré hacia una avenida principal, aumenté rápidamente la velocidad, y rebasé el límite de velocidad. Pero por alguna razón, el oficial sólo me dio una advertencia y me dejó ir.

Mas tarde, mientras hablaba con mi amiga acerca de lo que había pasado, le dije que le iba a contar a mí padre lo que pasó. Ella estaba anonadada y me preguntó porque yo haría eso. Ella pensó que no había ninguna razón para pensar que mi padre se daría cuenta de lo que pasó. Yo le contesté que no podría ocultarle esto a mi padre. Mi conciencia no lo permitiría.

Bueno, le conté a mi padre lo que había ocurrido y el no reaccionó fuertemente. Es más, el me aconsejo gentilmente acerca de la importancia de manejar según la ley. A través de esta experiencia, mi padre siguió construyendo en esa confianza que ya existía entre nosotros. Tuve la confianza que podía compartir cualquier cosa con el sin temor a su reacción. Yo era capaz de enfrentarme con culpa verdadera de una manera saludable, y en el proceso, mantener una buena conciencia.

Es muy importante que no reaccionemos fuertemente cuando nuestros hijos fallen. Si no, ellos no van a poder confiar en nosotros y serán tentados a ocultarnos la verdad. Necesitamos ayudarles a caminar en la culpa verdadera y desarrollar una conciencia saludable a través de nuestra instrucción paciente y diligente.

A la misma vez, algunos de nuestros hijos desarrollarán conciencias más sensibles: "Así es como sabemos que somos de la verdad y nuestros corazones podrán descansar en su presencia: si nuestros corazones saben algo en contra de nosotros, Dios es más grande que nuestros corazones y Él lo sabe todo" (1 Juan 3:19-20). Hebreos 4:15 nos dice que tenemos un sumo sacerdote que es capaz de "simpatizar con nuestras debilidades." Nuestros hijos deben aprender a entrar en su reposo por lo cual son justificados por su fe (Hebreos 4:1-11). Dios tiene justicia perfecta y amor perfecto. El no nos ha dado reglamentos para azotarnos cuando no cumplamos con ellos.

La vida que Dios diseñó es una para que aquellos que tengan un sano temor de el puedan recibir sus bendeciones: "El temor del Señor es un baluarte seguro que sirve de refugio a los hijos. El temor del Señor es fuente de vida, y aleja al hombre de las redes de la muerte" (Prov. 14:26–27).

El Pacto del Matrimonio

Como esposos y esposas, es fundamental que mantengamos nuestra alianza de amor con el uno al otro. Génesis 2:24 dice, "Por eso el hombre deja a su padre y a su madre, y se une a su mujer, y los dos se funden en un solo ser." El voto de matrimonio es un pacto entre hombre y mujer, ante Dios: es una promesa sagrada. Si se rompe, las consecuencias serán severas, no solo para nosotros como cónyuges, pero para nuestros hijos también.

No solo estoy hablando del divorcio. La importancia del pacto de matrimonio, expresada en unión y amor en el hogar, es fundamental para la seguridad de nuestros niños. Si no hay paz en el hogar y nuestros hijos no se sienten seguros, todos nuestros bien-intencionados esfuerzos por educarlos en el camino correcto serán severamente frustrados.

Vemos la ruptura de la estructura familiar por todo alrededor. Malaquías 2:15 expresa el propósito de Dios al traer marido y mujer en la alianza del matrimonio: "¿Acaso no hizo el Señor un solo ser, que es cuerpo y espíritu? Y ¿por qué es uno solo? Porque busca descendencia dada por Dios. Así que cuídense ustedes en su propio espíritu, y no traicionen a la esposa de su juventud." Dios ha juntado a marido y mujer porque Él desea que sus hijos tengan un corazón para El. Malaquías 2:16 enfatiza la condenación de Dios ante el divorcio: "Yo aborrezco el divorcio —dice el Señor, Dios de Israel."

Efesios 5:25–33 habla de un marido imitando al Mesías al dar su vida por su mujer y amándola como su propio cuerpo. 1 Pedro 3:7 exhorta a los esposos a ser considerados con sus esposas y "respetarla... Si no lo hacéis, vuestras oraciones serán bloqueadas." Colosenses 3:19 manda a los esposos a "amad a vuestras mujeres y no la tratéis con dureza." Mientras nos amamos el uno al otro según las Escrituras, nuestros hijos serán bendecidos en el proceso.

Caminando en Alianza Con Otros

Finalmente, este pacto de relacionarnos debe extenderse hacia otros. Yeshúa dice, "Os doy un nuevo mandamiento: que sigáis amándonos los unos a los otros. De la misma manera que yo os he amado, también vosotros debéis seguir amándoos los unos a los otros. Todo el mundo sabrá que sois mis *talmidim* (discípulos) por el hecho de que os amáis los unos a los otros" (Juan 13:34-35). Mis padres, Thurlow y Lynda Switzer, en su seminario *La Crianza de los Hijos es Una Aventura*, enfatizan la importancia de las enseñanzas de Yeshúa en Mateo 18 para comprender que significa el caminar en alianza con los demás:

Es más, si tu hermano comete un pecado en contra tuya, ve y muéstrale su falta, pero en privado, solo entre vosotros dos. Si él no escucha, llévate a uno o dos más contigo de manera que cada una de las acusaciones pueda ir apoyada por el testimonio de dos o tres testigos. Si él se niega a escucharles, cuéntaselo a la congregación y si él se niega a escuchar incluso a la congregación, trátale como tratarías a un pagano o a un cobrador de impuestos... Entonces Kefa subió y le dijo a él: "Rabino, ¿con qué frecuencia puede mi hermano pecar en contra mía y yo tengo que perdonarle?

¿Hasta siete veces?" "No, no siete veces," le contestó Yeshúa, "¡sino setenta veces siete!" (Mateo 18:15-17, 21-22)

A medida que tratamos de imitar a Mesías en el espíritu de unidad y reconciliación, vamos a prosperar en nuestras relaciones. Esto resultará en la bendición de vida abundante para nuestros hijos.

Capitulo 3

Viviendo Según la Palabra de Dios

Lo mejor que podemos hacer para nuestros hijos es vivir en acuerdo con la Biblia. Es sumamente importante que no hagamos nuestra fe algo de apariencias para que otros vean. Niños y adolescente pueden ver a través de esta hipocresía. Pero mientras seguimos a Dios con toda la sinceridad de nuestro corazón, nuestro ejemplo causará un gran impacto.

El Poder del Ejemplo

La influencia que nosotros tenemos en nuestros hijos no debe ser subestimada. Juan 5:19–20 dice, "¡Si, os aseguro que el Hijo no puede hacer nada por sí mismo, sino solo lo que ve hacer al Padre, el Hijo lo hace también! Porque el padre ama al hijo y le muestra todo lo que hace." Nosotros podemos aprender de la relación entre padre e hijo.

Bien nos damos cuenta cuando un niño hace exactamente lo mismo que hace su padre; como va el dicho, "Como padre hace el hijo." Ya sea trabajando en un carro, jugando deportes, o poniendo una corbata, deberíamos mostrarle todo lo que hacemos a nuestros hijos en amor tal como nuestro Padre en el cielo le mostró a su hijo Yeshúa. Tal como Yeshúa imitaba a su padre, nuestros hijos naturalmente nos imitarán. Una de las fuerzas más grandes en la vida de nuestros hijos es el poder de nuestro ejemplo en ellos; lo cual debe ser un incentivo más para que nosotros vivamos según la Palabra de Dios.

Esto es importante aun en la pequeña edad. Cuando Anna tenía dieciséis meses, ella vio una Biblia abierta sobre la mesa de la cocina y dijo "Biblia." Esta fue la primera vez que su madre y yo escuchamos a Anna referirse a la Palabra de Dios de esta manera. Nuestros hijos crecen captando quien somos y lo que es importante para nosotros simplemente observando la manera en que seguimos nuestras vidas y los hábitos que practicamos.

Una manera específica en la cual podemos ser ejemplos piadosos para nuestros hijos es siendo agradecidos. Yo recuerdo mi pobre actitud en los tiempos que me tocaba bañar a mis hijos pequeños. Ya sea porque no me gustaba mojarme o porque me costaba estar de rodillas, yo no cumplía con este trabajo con mucho entusiasmo. Tenía una actitud muy mala. Bueno, el Señor me confrontó acerca de esta actitud y mi necesidad de disfrutar esta etapa de la vida de nuestros hijos. Si es que nosotros queremos que nuestros hijos desarrollen una actitud de agradecimiento, entonces nosotros debemos mostrar un ejemplo de agradecimiento a través de nuestras acciones. (Así dice 1Tesalonicenses 5:18, "dad gracias en todo.")

Pablo urgió, "Intentad imitarme, así que yo mismo intento imitar al Mesías" (1 Corintios 11:1. El Señor es nuestro ejemplo, y no puedo expresar que tan necesario es que nosotros seamos ejemplos dignos de ser emulados. Nosotros los padres, somos por definición, líderes de nuestros hijos. Ellos aprenderán mucho más a través de nuestras acciones que de nuestras palabras. Nuestros hábitos pecadores y puntos muertos serán transferidos a ellos si no estamos dispuestos a confrontar con honestidad estas áreas de nuestras vida.

Uno casi puede escuchar la voz de Dios llamándonos a comprender este principio, como es expresado en Deuteronomio 5:29: "Ójala el corazón esté siempre dispuesto a temerme y a cumplir todos mis mandamientos, para que a ellos y a sus hijos siempre les vaya bien." La manera en que vivimos en esta generación tendrá un impacto en nuestros hijos y también la siguiente generación. La importancia de mostrar un buen ejemplo como padres es sumado en los Diez Mandamientos.

> No te inclines delante de ellos ni los adores. Yo, el Señor tu Dios, soy un Dios celoso. Cuando los padres son malvados y me odian, yo castigo a sus hijos hasta la tercera y cuarta generación. Por el contrario, cuando me aman y cumplen mis mandamientos, les muestro mi amor por mil generaciones. (Deuteronomio 5:9–10)

La honestidad es un tema muy importante. Los niños captarán nuestra deshonestidad si nos permitimos decir "pequeñas mentiras." Cosas tal como compartir del bar de comida cuando solo han pagado por uno en un restaurante, o mentir sobre la edad de nuestro hijo para que podamos pagar la entrada descontada en un parque de diversión, no son pequeñas mentiras inofensivas. Nosotros comunicamos nuestros verdaderos valores durante este tipo de intercambio.

Como director de una escuela, he sido testigo del principio de cosechar lo que siembras en las familias. Invariablemente si el padre tiene una pobre cualidad de carácter que tolera o rechaza ver, esto se manifestará en el niño. "En la tradición judía, el primer paso del arrepentimiento es *hakarat hachet*, reconociendo el pecado que uno ha cometido." (Telushkin, 151).

Si no enfrentamos nuestras propias deficiencias de carácter, no podremos exigir que nuestros niños lo hagan. Sin el arrepentimiento, uno no podrá crecer en carácter piadoso. David se arrepintió por su pecado: "¡He pecado contra el Señor! Reconoció David ante Natán" (2 Samuel 12:13). "Pero la respuesta de David era diferente a aquella de Adán, Eva, Caín y Saúl; el admitió su culpa...Dios presumiblemente deleitado que un ser humano se haya responsabilizado por su propio pecado, mandó a Natán a decirle a David que su castigo ahora será menos severo" (Telushkin, 151-152). Siendo buenos ejemplos para nuestros hijos significa arrepentirnos de nuestro propio pecado.

Siendo Transparentes con Nuestros Hijos

Nosotros también necesitamos ser transparentes con nuestros niños cuando se trata de nuestras propias faltas. Es importante no poner una apariencia de perfección en la presencia de nuestros hijos.

Cuando tratamos con el pecado de manera honesta, incluyendo la disculpa, con nuestros hijos, estamos demostrando la realidad de Dios en nuestras vidas. Nuestros hijos luego podrán ver que caminar según la Palabra de Dios hace la diferencia.

El rabino Joseph Telushkin enfatiza, "Que mensaje más terrible comunican los padres que no se disculpan con sus hijos: 'No necesitas buscar el perdón cuando maltratas a alguien más débil que tu.' O 'Porque yo te estoy criando y proveyendo por ti, te puedo tratar como yo quiera. No tengo que decir perdón, aun cuando yo he hecho mal'" (465). Con frecuencia he tenido que disculparme con mis hijos. Cuando confesamos nuestro pecado y pedimos el perdón, nos convertimos en un buen ejemplo para nuestros hijos.

La Vida Familiar Como Una Prioridad

1 Timoteo 3:4–5 enfatiza la importancia de darle prioridad a nuestra familia, especialmente para aquellos en liderazgo congregacional. El líder congregacional "deberá gobernar bien su propia casa, teniendo hijos que lo obedezcan en todo aspecto, porque si un hombre no puede gobernar su propio hogar, ¿Cómo podrá cuidar de la comunidad mesiánica de Dios?" En otras palabras, velando por nuestra familia es esencial antes de intentar a manejar una congregación.

Nuestra familia necesita ser una prioridad en vez de ser un componente secundario; debería ser el centro de nuestras vidas. Proverbios 27:23 dice, "Asegúrate de saber como están tus rebaños; cuida mucho de tus ovejas." En mis veinte años como educador, no puedo decirles cuantas veces me he sorprendido al darme cuenta que los padres verdaderamente no saben que es lo que está pasando en la vida de sus adolescentes.

Si verdaderamente valoramos la vida familiar, tomaremos pasos concretos para mostrar esto en nuestra vida cotidiana. Porque confiamos que Dios proveerá todo lo que necesitamos al buscar primero Su Reino y Su justicia, es importante mantener nuestro trabajo limitado a horas razonables. Aunque vendrán épocas en la cual nuestro trabajo exija más de nosotros, no debemos caer en el hábito de dejar que nuestro trabajo domine nuestra vida al detrimento de nuestra familia. Podemos hacer un arreglo de estar con nuestra familia para la cena, así tener un tiempo diario para estar juntos.

Como pastor de la casa, el padre debe saber la condición de su "rebaño," su familia. Desafortunadamente muchos padres "se han envuelto tanto en su mundo, que han descuidado su llamado más alto: el desarrollo espiritual de sus niños" (Meier, 92).

El Amor en Nuestro Hogar

Como padre, debo recordarme constantemente de dar besos y abrazos a mis hijos. Haciendo cosquillas, bailando, y jugando a la lucha libre con ellos a diario ayuda a reforzar nuestra relación. Tenemos que ofrecer una dosis saludable de amor con nuestros hijos a diario.

El rabino Hayim Halevy Donin enfatiza la importancia del contacto físico con nuestros niños como forma de expresar nuestro amor con ellos:

> El contacto físico comunica el mensaje de amor. La madre que abraza a su bebé y el padre que acaricia su hijo le dan a su niño nutrición tan vital como la leche. La leche nutre al cuerpo; muestras de afecto alimentan al ser. Ambos son igualmente necesarios para el bienestar del niño; la depravación de cualquiera de los dos puede dañar el crecimiento y el desarrollo normal del niño. Los padres, entonces, no deben dudar en acariciar a sus hijos, darles abrazos, besarlos, darles toquecitos de afecto sobre sus cabezas, y de tomarles sus manos. Tal contacto físico y espontaneo comunica afecto más que palabras y contribuye a una sensación cálida que es el amor. (Donin, 64-65)

La Comunicación Bíblica

Santiago 1:19-20 nos brinda principios importantes acerca de la comunicación: "Mis queridos hermanos, tengan presente esto:

Todos deben estar listos para escuchar, y ser lentos para hablar y enojarse; pues la ira humana no produce la vida justa que Dios quiere." Debemos estar listos para escuchar a nuestros hijos.

> Recuerden que el escuchar involucra cerrar la boca cuando uno busca comunicarse, es necesario crear un ambiente libre de amenazas y evitar los gestos no-verbales que comunican negatividad y amenazan a la otra persona, tu pareja, o hijo. Empatize y no compadesca. Busque en comprender los sentimientos en vez de las palabras. Haga preguntas para clarificar un tema. Use palabras positivas: "Quiere decir…" pero no use ,"Usted no quiere decir..." (Switzer y Switzer, "Seminario: La Crianza de los Hijos es Una Aventura", 89)

Además de estar "listos para escuchar" debemos ser "lentos para hablar." Proverbios 18:13 dice, "Es necio y vergonzoso responder antes de escuchar." Los padres deben escuchar con paciencia a sus hijos y evitar interrumpirlos antes de que ellos compartan lo que está dentro de sus corazones. A veces se me hace difícil parar y escuchar cuando mis hijos discuten entre ellos. Quiero aconsejarlos pronto, pero tengo que recordar que necesito escuchar ambos puntos de vista antes de decidir cómo seguir adelante con la situación.

Finalmente, uno debe ser "lento para enojarse…" Proverbios 17:27 dice, "El que es entendido frena sus palabras; el que es prudente controla sus impulsos." Cuando repetimos el punto de vista de nuestro adolescente usando nuestras propias palabras, mostramos comprensión. Proverbios 15:1 dice, "La respuesta amable calma el enojo, pero la agresiva hecha leña al fuego." Con el simple hecho de responder de manera suave, la ira de nuestros hijos puede disipar.

No existe una fórmula mágica que facilite la comunicación con nuestros hijos. La paciencia, escucharlos, evitando reacciones fuertes, ser reales (evitando la hipocresía) y haciendo juicios sabios, todos son principios de comunicación bíblica. A veces podemos sentirnos como jueces de una corte decidiendo entre casos difíciles que nuestros hijos traen ante nosotros, particularmente con respeto al conflicto entre hermanos. De vez en cuando será necesario comunicar cierto valor ante un hijo mientras comunicamos otro valor a otro hijo. Santiago 3:17-18 nos aconseja a ser pacificadores: "Pero la sabiduría de lo alto es, para empezar, pura y apacible, bondadosa, dispuesta a razonar, llena de misericordia y buenos frutos sin parcialidad y sin hipocresía. Y los pacificadores que siembran las semillas de la paz recogen una cosecha de justicia."

La Conexión Entre el Amor y la Disciplina

El amor en sí debería motivarnos a disciplinar a nuestros hijos. El amor tiende a los intereses a largo plazo de nuestros niños: el deseo de verlos bendecidos. Hebreos 12:5-8 explica que la disciplina es una expresión del amor parental de Dios:

> Además has olvidado el consejo que os habla como a hijos: Hijo mío, no desprecie la disciplina del Adonaí, ni te desalientes cuando te corrija. Porque Adonaí disciplina a los que ama y azota a todo aquel que acepta como hijo. Considerad lo que soportáis como disciplina; Dios os está tratando como a hijos. ¿Por que qué hijo no es disciplinado por su padre? Todos los hijos legítimos soportan la disciplina, así que si no lo haces, eres un *mamzer* (hijo ilegítimo) y no un hijo.

Aunque niños en rara vez expresan aprecio mientras estén sometidos a la disciplina, ellos ganarán un sentido de seguridad y aprecio hacia nosotros cuando aplicamos la disciplina bíblica consistentemente. Es más, los niños nos respetan por disciplinarlos:

Además, nosotros tuvimos padres físicos que nos disciplinaron y nosotros los respetamos, así que ¿Cuánto más no debemos someternos a nuestro Padre espiritual y vivir?" Porque ellos nos disciplinaron solo durante un corto tiempo y solo de la mejor manera que ellos pudieron, pero Él nos disciplina de una manera que nos permite compartir en su santidad. Toda disciplina, cuando se aplica, parece efectivamente dolorosa, no algo que disfrutamos, pero para aquellos que han sido entrenados por ella, después produce un fruto pacífico, que es la justicia. (Hebreos 12:9-11)

Notando la Diferencia

Al seguir los principios bíblicos, una familia puede ser lo suficientemente diferente que los niños noten y pregunten algo crítico: "¿Por qué?" Dios anticipo esto:

> En el futuro, cuando tu hijo te pregunte: "¿Qué significan los mandatos, preceptos y normas que el Señor nuestro Dios les mandó?", le responderás:"En Egipto nosotros éramos esclavos del faraón, pero el Señor nos sacá de allá con gran despliegue de fuerza." (Deuteronomio 6:20-21, cf Éxodo 12:25-27)

Una manera en la cual nuestros hijos pueden ver como su familia resalta ante la sociedad en general es en la forma de vestir. Desde temprana edad, nuestros hijos van a poder notar diferencias en formas de vestir, y no deberíamos de perder esta oportunidad para enseñarles. Como ya sabemos, las tendencias predominantes en el vestir han descendido a un nivel muy bajo. Tenemos que caminar seguros en nuestras convicciones cuando se trata de esto, aunque parezca que no hay estilos modestos de ropa disponibles en las tiendas.

En lugar de ignorar la cuestión del vestir y ceder a las tendencias de moda, nosotros podemos ayudar a que nuestros pequeños jóvenes vean que nuestras familias son diferentes. El Rabino Simcha Bunim Cohen redacta, "El Poskim nos enseña que la santidad del hogar se mantiene principalmente a través de las leyes de *tznius* (modestia). *Tzunis* crea un ambiente de santidad y salubridad que impregna la vida familiar" (30). Podemos ayudar a nuestros hijos a entender que mucho que uno comunica a otro es a través de la forma de vestir.

Cuando mis hermanos y yo mirábamos a nuestros amigos del vecindario o de nuestra congregación participando en actividades impías, mis padres nos ayudaban a entender de forma positiva que nuestra familia era diferente, y que no había nada malo con ser diferente. Deberíamos usar estos tiempos en la cual nuestros hijos notan diferencias entre familias como tiempos oportunos para fortalecer nuestras convicciones.

Cuando se Trata de Ganar y Perder

Otra manera de ser buenos ejemplos a seguir es tener una perspectiva piadosa con respecto a las competencias, especialmente cuando se trata de ganar y perder. Esto es importante para nuestros pequeños cuando empiezan a jugar en las ligas pequeñas de beisbol, futbol, baloncesto, y otros deportes competitivos.

Desafortunadamente, muchas veces los padres tratan de vivir a través de sus hijos e intentan compensar por una falta percibida en sus propias vidas. Si no tenemos cuidado, podemos, sin darnos cuenta, imponer presión no necesaria en nuestros hijos para que sobresalgan, cuando lo que realmente necesitan es una experiencia positiva y agradable.

Una forma de proveer una experiencia saludable a nuestros hijos que los ayude con la formación de su carácter mientras juegan en equipos deportivos es asegurarnos que nuestra propia perspectiva sea sana. Si nosotros nos consideramos un éxito o un fracaso basado en los resultados de nuestras vidas, entonces esos valores serán transmitidos a nuestros hijos. Por consiguiente, cuando nuestro hijo no es parte del equipo ganador, el podrá clasificarse como un fracaso. Sin importar que tan bien haya jugado, el niño podrá sentirse como un fracaso porque perdió. Deberíamos enfocarnos en el proceso: "El valor del Torah ciertamente es que el proceso y no el resultado final es lo que importa. Todo lo que una persona puede hacer es dar su mejor esfuerzo según las circunstancias. ...Una persona no puede controlar los resultados" (Twerski y Schwartz, 75). En Samuel 16:7, el Señor dice, "La gente se fija en las apariencias, pero yo me fijo en el corazón."

Yeshúa mismo dijo, "¡Dejad de juzgar por las apariencias externas y juzgad como es debido!" (Juan 7:24). Debemos evitar la tendencia que tenemos de juzgar basado en apariencias. Yo he entrenado en partidos en la cual mi equipo jugó heroicamente y con pasión, sin embargo perdimos. Y también he entrenado para juegos en la cual anotamos una victoria estelar, pero no jugamos lo mejor que pudimos. Si queremos que nuestros hijos tengan una experiencia positiva, entonces depende de nosotros para ayudarles a tener la perspectiva adecuada.

Colosenses 3:23 dice, "Sea cual fuere el trabajo que hagáis, hacedlo bien, como aquellos que no solo están sirviendo a otras persona, sino al Señor. Queremos que nuestros hijos tengan una ética de trabajo sin reservas para Yeshúa. Deseamos que ellos busquen a complacer al Señor a través de sus palabras, acciones, y motivaciones del corazón en lugar de vivir bajo una falsa presión para tener éxito. Si vemos la práctica del deporte de esta manera, entonces el deporte puede ser una herramienta para fomentar el carácter piadoso en nuestros hijos."

El Llamado de los Padres

Pablo urgió, "corred para ganar" (1 Corintios 9:24). Los padres tienen una gran oportunidad de influir de forma positiva a sus hijos a través de su ejemplo a diario. Los niños captarán mucho más a través de nuestras vidas que de nuestras palabras.

Un día, mientras mi hijo de siete años me esperaba en mi oficina al terminar su práctica de futbol, el notó un afiche en la pared con un versículo de 1 Crónicas 4:10 inscritas: "Bendíceme y ensancha mi territorio; ayúdame y líbrame del mal, para que no padezca aflicción." Yo le dije a mi hijo que yo oro esa oración cada día. Caleb entonces oró que Dios lo ayudara a obedecer a sus padres con una buena actitud. Después de llegar a casa, Silvia lo felicitó varias veces esa tarde por su obediencia y actitud positiva. Al ser felicitado por segunda vez, Caleb le dijo a su mamá que él había orado y le había pedido al Señor que lo ayudara a obedecer a sus padres con una buena actitud. Caleb vio que Dios respondió su oración. Cuando los niños son testigos de cómo trabaja el Señor en nuestras vidas, ellos pueden seguir ese ejemplo y pueden ver cómo Dios trabaja en sus propias vidas.

Salmos 127:3 dice, "Los hijos son una herencia del Señor." La recompensa por aceptar el llamado de Dios a ser padres es sumamente grande. Es más grande aún, que una promoción en el trabajo, un gran aumento de pago, un carro nuevo, o una casa preciosa. Cuando criamos a nuestros hijos para el Señor, estamos almacenando tesoros en el cielo y cumpliendo con un trabajo que durará para la eternidad.

Capitulo 4

Una Visión Para Cada Niño

Cualquier padre con más de un hijo puede ver las diferencias que Dios le ha otorgado a cada uno de sus hijos. Estudiando a nuestros hijos para poder comprender sus motivadores, talentos, fortalezas, y debilidades nos ayuda a virarlos en la dirección más adecuada para cada uno de ellos. El proveer diferentes tipos de oportunidades ayuda que ellos descubran áreas de interés al igual que sus dones.

El Significado Profético de un Nombre

Las Escrituras indican que un nombre puede hablar acerca de la identidad de un niño y de su futuro. Mateo 1:21 dice: "Ella dará a luz un hijo, y tú deberás ponerle por nombre Yeshúa (que quiere decir 'Adonaí salva.') porque él salvará a Su pueblo de sus pecados." Lucas 1:13-17 habla acerca de las implicaciones proféticas del nombre de Juan:

> Pero el ángel le dijo: "No temas, Zacarías, porque tu oración ha sido escuchada. Tu esposa Elisheva te dará un hijo, y le pondrás de nombre Yojanán. El será un gozo y un deleite para ti, y muchas personas se regocijarán cuando nazca porque será grande a los ojos de Adonaí. No beberá nunca vino ni ningún otro licor, y será lleno con el *Ruach HaKodesh* (El Espiritú Santo) incluso desde el vientre de su madre. Hará que mucha de la gente de Israel

> vuelva a Adonaí su Dios. El saldrá delante de Adonaí con el espíritu y poder de Eliyahú para volver los corazones de los padres a sus hijos y a los desobedientes a la sabiduría de los justos para preparar para Adonaí un pueble preparado."

Porque Zacarías no creyó en las palabras del ángel, el se convirtió mudo. Cuando Zacarías nombró a su hijo "Yochanán" (Juan), su voz le regresó.

Dios utiliza los nombres muchas veces en su Palabra para comunicar varios mensajes a su gente. A veces cambia nombres, tal como lo hizo con Abram a Abraham y Jacob a Israel. Isaías dice que sus hijos son "señales y presagios del Señor Todopoderoso" (Isaías 8:18). Sus nombres tienen un significado profético.

Igualmente, el nombre que escogemos para nuestros hijos es muy importante para el Señor. Debemos tomar esto en cuenta mientras contemplamos nombres para nuestros chiquitos. Nosotros debemos pedirle al Señor que nos guie mientras buscamos el nombre adecuado. Podemos estudiar las Escrituras para conocer los significados de los nombres y para saber que representaba cada personaje mientras él o ella seguía a Dios. El significado de cada nombre y los principios espirituales que acompañan ese nombre pueden ser comunicados a nuestros hijos tras vez mediante que ellos van creciendo.

Mi hijo Caleb sabe muy bien que su nombre es aquel de uno de los dos espías que estaba con Dios y le proclamó a los judíos que ellos tomarían la Tierra Prometida. La necesidad de caminar en valor bíblico como está expresado en Josué 1:9 ha sido arraigado en su espíritu: "Ya te lo he ordenado: ¡Se fuerte y valiente! ¡No tengas miedo ni te desanimes! Porque el Señor tu Dios te acompañará dondequiera que vayas" Era una fuente de alegría para mi esposa, Silvia, al escuchar a Caleb un día alentando su hermano de tres años de edad que tenía miedo de bajar las gradas en la oscuridad. Mientras Caleb lo ayudaba, el citaba Josué 1:9 y le decía a Nehemiah que no tuviera miedo, que él lo lograría. El nombre de su hijo puede ser una fuente de bendición y de carácter piadoso mientras el abarca la identidad de su nombre.

Yo gozo cuando uso apodos que tienen algún tipo de conexión

a los significados de los nombres de mis hijos. Por ejemplo, me gusta llamar a mi hijo, "Campeón Caleb," para animarlo a ser un campeón valiente listo para tomar la "Tierra Prometida" Dios ha preparado para él. A mi hijo Nehemiah, le gusta construir cosas, por eso le di el apodo "Nehemiah, el Constructor," formando una conexión con Nehemías, quien fue dirigido por Dios para reconstruir los muros de Jerusalén.

Aunque nuestros hijos en este momento puede que no estén caminando según el significado de sus nombres, podemos declarar el poder de su nombre ante sus vidas. Los nombres pueden ser proféticos. Los nombres tienen un gran significado y pueden hablar acerca de la identidad de su hijo en el Señor.

Los Objetivos del Proceso en la Formación del Niño

Lucas escribió acerca de Yeshúa a la edad de doce años: "Y Yeshúa creció en sabiduría y en estatura, ganándose tanto el favor de otras personas como de Dios" (Lucas 2:52). Una declaración similar es hecha acerca del niño Samuel: "Por su parte, el niño Samuel seguía creciendo y ganándose el aprecio del Señor y de la gente" (1 Samuel 2:26). Cuatro objetivos del proceso que debemos tener en la formación de nuestros hijos son la sabiduría, estatura, favor con Dios, y favor con los demás.

Creciendo en Sabiduría

Nuestros hijos deben crecer en sabiduría. Ellos deben saber lo que es correcto y verdadero. Debe ser notado que muchos proverbios bíblicos empiezan con las palabras, "Mi hijo":

> Hijo mío, si haces tuyas mis palabras y atesoras mis mandamientos; si tu oído inclinas hacia la sabiduría y de corazón te entregas a la inteligencia; si llamas a la inteligencia y pides discernimiento; si las buscas como a la plata, como a un tesoro escondido, entonces comprenderás el temor del Señor y hallarás el conocimiento de Dios. (Proverbios 2:1-5)

Creciendo en Estatura

Los niños también deben crecer en estatura. Ellos deben ser alimentados físicamente. Demasiados niño en nuestra sociedad, francamente, están malnutridos. Con frecuencia sus dietas consisten de dulces y cosas que "saben ricas" en vez de lo que es saludable para ellos.

Ayudando a nuestros hijos ser buenos administradores de sus cuerpos es crítico para su crecimiento. "¿Acaso no sabéis que vosotros sois el templo de Dios y que el Espíritu de Dios vive en vosotros? Así que si alguien destruye el temple de Dios, Dios le destruirá a él porque el templo de Dios es sagrado y vosotros mismos sois ese templo" (1Corintios 3:16-17). Nuestros cuerpos son templos del Espíritu Santo; en efecto, Dios reside dentro de nosotros. La recreación saludable, una dieta adecuada, y durmiendo lo suficiente son tres aspectos muy importantes para el crecimiento saludable del ser humano.

La recreación del niño muchas veces consiste de actividades estacionarias, tal como viendo televisión o los juegos de video. David Walsh, en un mensaje titulado "Educando a los Niño en la Era Punto Com," provee las siguientes estadísticas con respecto a los siguientes promedios de tiempo por semana: solo con el padre, media hora; solo con la madre, dos horas y media; haciendo la tarea, un poco más de dos horas; lectura no asociada con la escuela, media hora; jugando con la computadora, siete horas; y viendo televisión, 25 horas. Mientras que podemos llegar a ciertas conclusiones con estas estadísticas, claramente podemos ver la cantidad de tiempo dedicada haciendo cosas que contribuyen a la realidad virtual de la mente y no a los ejercicios y juegos que contribuyen a la salud física.

Los niños tienen que pasar tiempo afuera para así participar en deportes y otras actividades. Una granja es un excelente lugar para crecer acostumbrados al trabajo domestico que es necesario de todos en la familia. En la ausencia de esto, los niños requieren actividades regulares que exigen esfuerzo físico, tal como las obligaciones en la casa, rutas de periódico, o simplemente jugando afuera.

Creciendo en Favor con Dios

Los niños también necesitan crecer en favor con Dios. Ellos deben ser testigos del amor de Dios. La gracia de Dios es un empoderamiento no merecido; que no se gana con obras benevolentes. No es hasta que nuestros hijos entiendan y acepten este tipo de relación, que ellos podrán crecer seguros en el amor de Dios. Desarrollando el favor con Dios conduce al éxito en todo aspecto de nuestras vidas.

Creciendo En favor con Otros

Finalmente, los niños necesitan crecer en favor con otra gente. Ya sea con sus padres, sus maestros, sus compañeros de clase, sus vecinos, sus compañeros de equipo, o sus entrenadores, sus vidas y sus formas de tratar a otros necesitan engendrar favor. Criando a nuestros hijos en sus habilidades relacionales tal como es el saludar a otros, haciendo contacto visual al hablar, escuchando atentamente, haciendo preguntas, y simplemente viviendo en forma correcta naturalmente resultarán en favor con los demás.

En vez de luchar o correr al confrontarse con conflicto, nuestros niños pueden aprender a enfrentar estas situaciones para influir positivamente aquellos que los rodean en las creencias del Señor. Ellos pueden aprender a caminar en valentía santa porque la presencia de Dios está con ellos: "Ya te lo he ordenado: ¡Se fuerte y valiente! ¡No tengas miedo ni te desanimes! Porque el Señor tu Dios te acompañará dondequiera que vayas" (Josué 1:9).

Estos objetivos de proceso—sabiduría, estatura, favor con Dios, y favor con otros—no pueden ser compartamentalizados. Es decir, el crecimiento en cada uno de estos objetivos ocurre simultáneamente; nuestros hijos no podrán sobresalir en un aspecto sin mejorar el otro. Si la mediocridad es permitida en un aspecto, eventualmente esa condición impactará el crecimiento en otro aspecto. No obstante, mientras nuestros niños crecen en el Señor, ellos lograrán éxito en otras áreas.

Por naturaleza, los niños desean complacer a sus padres. Es entonces que debemos desarrollar un repertorio de elogios para nuestros niños. Si les damos elogios por sus expresiones externas, tal como su buen aspecto, ellos aprenderán a enfatizar esas áreas en su crecimiento. Cuando nuestros hijos salen con buenas calificaciones en la escuela, Silvia y yo los felicitamos por su esfuerzo y sus estudios, no simplemente por el hecho de tener buenas notas. Si nos enfocamos en elogiar a nuestros hijos por el crecimiento en su carácter, entonces ellos entenderán que su carácter es lo que más importa.

Un Propósito Distinto

Los padres que tienen una visión para sus hijos saben que Dios los creó con un propósito específico en mente. Yo puedo atestar que he sido impactado por mi madre al hablar ante mí las palabras de Jeremías 29:11: "Porque yo sé muy bien los planes que tengo para ustedes—afirma el Señor—planes de bienestar y no de calamidad, a fin de darles un futuro y una esperanza." Mi madre me enseñó que Dios tenía un plan especial para mi vida, y que el Señor estaba haciendo algo grande a través de mí para Su reino.

Debemos de edificar grandes expectativas cuando se trata sobre el destino que Dios guarda para las vidas de nuestros pequeños. En vez de preguntarles, "¿Qué quieres ser cuando seas grande?" por qué no preguntarles, "¿Qué crees que pudiera ser el propósito que Dios tiene para tu vida?" Podemos guiar a nuestros hijos en el camino que deben seguir, ya que entendemos como Dios los hizo únicos. Debemos saber que Dios tiene un plan muy especial para ellos. Refiriéndose a Proverbios 22:6, Donin enfatiza, "Los resultados más duraderos proceden de reconocer las diferencias de personalidad, los diferentes niveles de habilidad e intereses diversos. Cada niño es una obra de arte única, y debe ser apreciado, amado, y disfrutado por su individualidad" (64). Salmos 127:4 dice, "Como flechas en las manos del guerrero son los hijos de la juventud." Dios puede usarnos como arqueros expertos para dirigir a nuestros niños en la dirección adecuada, con el objetivo final de "darle al blanco", que es el reino de Dios.

Capitulo 5

Respetando a la Autoridad

Tristemente, mucha gente ha perdido el respeto a la autoridad. Hasta las calcomanías que vemos en los carros dicen, "Cuestiona la Autoridad." Una vez escuché a un administrador de una escuela religiosa con muchos años de experiencia decir que quince años atrás el tomaba una decisión, luego el niño le decía a sus padres lo que pasó, después el recibía una llamada de uno de los padres y le comentaban, "Mi hijo me dijo que esto pasó; quiero saber si lo que me dijo es la verdad." Sin embargo, hoy en día la misma situación se desenvuelve así: él niño va a casa, da su reporte de lo que transcurrió, y luego el recibe una llamada del padre diciendo, "Mi hijo me contó que esto pasó, y estoy muy decepcionado en la forma que usted manejó esta situación." Muchas veces, los padres juzgan el asunto antes de hablar con el maestro.

Uno fácilmente puede ver la ruptura que ha ocurrido en la forma que nuestra sociedad trata a sus autoridades. Desafortunadamente, este punto de vista ha tenido un gran impacto ante los padres. Nosotros necesitamos poder comprender y aplicar los principios bíblicos hacia la autoridad para poder criar y disciplinar a nuestros hijos con éxito.

La Autoridad del Señor

Dios es la máxima autoridad. Salmos 47:2 dice, "¡Cuan imponente es el Señor Altísimo, el gran rey de toda la tierra!" No hay ninguna autoridad sobre Dios y su reino nunca terminará, como el rey Nabucodnosor aprendió:

> Entonces alabé al Altísimo, honré y glorifiqué el que vive para siempre: Su dominio es eterno; su reino permanece para siempre. Ninguno de los pueblos de la tierra merece ser tomado en cuenta. Dios hace lo que quiere con los poderes celestiales y con los pueblos de la tierra. No hay quien se oponga a su poder ni quien le pida cuentas de sus actos (Daniel 4:34-35).

Según las Escrituras, todos estamos bajo la autoridad. No hay presidente, rey, o terrorista que no esté bajo la autoridad. Al final, todos debemos responder a la Autoridad del universo. Cuando nos colocamos directamente bajo la autoridad de Dios, podemos caminar con la seguridad de nuestra autoridad como padre de tal manera que nuestros hijos serán bendecidos.

Nuestra Autoridad Como Padres Asignada por Dios

Romanos 13:1 dice, " Todo el mundo debe de obedecer a las autoridades que gobiernan porque no hay ninguna autoridad que no proceda de Dios y las autoridades existentes han sido colocadas en su lugar por Dios." Dios les ha dado a los padres la autoridad en la familia.

Las Escrituras nos dan límites para la familia. Por ejemplo, los padres no tienen el derecho de decirles a sus hijos que quiebren con las leyes de Dios. La institución establecida de la familia es para el bienestar de nuestros hijos.

Las Prerrogativas Como Padre

Colosenses 3:20 provee una directiva muy clara a los hijos: "Hijos, obedeced a vuestros padres en todo, porque esto complace al Señor." Es necesario que nuestros hijos cumplan con lo que le pedimos. Hoy en día, en la sociedad en que vivimos, esto puede sonar algo extremo; no obstante, nosotros como padres, tenemos prerrogativas para cumplir con las responsabilidades dadas por Dios.

Yo recuerdo cuando Anna tenía solo dieciséis meses de edad ella ya nos mostraba la fuerza de su propia voluntad. Silvia y yo tuvimos que disciplinar a Anna con amor pero con firmeza para lograr que un día Anna fuera un instrumento del Señor. Nuestra motivación para utilizar las responsabilidades que Dios nos ha otorgado y exigir la obediencia de nuestros hijos es la esperanza firme en Dios que ellos algún día puedan internalizar su Palabra.

Nosotros debemos tomar estos derechos con seriedad para poder lograr con nuestra responsabilidad paterna. Nosotros somos responsables por las acciones de nuestros hijos. Dios nos ha dado este trabajo bien sabiendo que no somos perfectos; aun nos ha confiado con esta tarea.

Como Él Niño Entiende la Autoridad de Dios

Nuestros hijos responderán hacia la autoridad de Dios según la forma en que ellos han sido criados a responder a la autoridad de sus padres. Salmos 15:4 elogia a la persona, "que cumple lo prometido aunque salga perjudicado." Es importante que nosotros cumplamos con nuestra palabra para que nuestros hijos aprendan que Dios cumplió con su Palabra para ellos. Antes que nuestros niños entren al jardín de infancia, debemos saber que ellos estén listos a someterse a otras autoridades puestas ante ellos, especialmente sus maestros.

Es muy importante cumplir con nuestra palabra. Cuando decimos que vamos hacer algo, nuestros hijos esperan que lo hagamos. Cuando Caleb tenía dos años de edad, mi esposa salió una tarde, y me tocó ponerlo a dormir esa noche. Le dije que su mamá vendrá a darle un abrazo cuando ella regrese a casa. Cuando Silvia llegó a casa, le pedí que fuera a darle un abrazo a Caleb porque yo le había dicho que ella lo haría. Silvia pensó que de seguro el estaría durmiendo. Aun así, ella subió, y seguramente, allí estaba Caleb, despierto, esperando en su cuna a su mamá y el abrazo prometido. Cuando él vio a Silvia, se levantó y dijo, "¡Abrazo, abrazo!" Silvia le preguntó a Caleb si él la había esperado. El dijo, "Si." Luego ella le pregunto si él había dormido o se había quedado despierto. El se había quedado despierto. Silvia le dio un fuerte abrazo. El hecho que Caleb esperó a su mamá pacientemente en su cuna, muestra que el sentía que nosotros eramos dignos de su confianza. Espero que nosotros podamos continuar siendo dignos de su confianza.

Cumpliendo con nuestra palabra también tiene que ver con la perspectiva que nuestros hijos tomarán con las Escrituras. Cuando hacemos amenazas vanas sin exigir la obediencia de nuestros hijos, ellos están siendo entrenados a no responder a dirección. Dios no hace amenazas vanas. El hace lo que dice. Aunque ningún padre es perfecto, si no cumplimos con nuestra palabra de forma consistente, esto afectará el nivel de confianza que nuestros hijos le tengan a la Palabra de Dios.

Manteniendo el Respeto Hacia las Autoridades

Es muy importante que nosotros respetemos a nuestras autoridades. Los padres deben reservar juicio acerca de cualquier cosa que sus hijos digan acerca de un maestro, por ejemplo, hasta después de hablar con el maestro. Con frecuencia, el reporte de un niño refleja una comprensión limitada. En mi experiencia como padre, maestro, y director, el simple hecho de comunicarse con el maestro hace una gran diferencia. La razón principal sin embargo, de guardar su opinión hasta lograr hablar con el maestro es para enseñarles a nuestros hijos a respetar y valorar la autoridad.

Cuando nosotros expresamos falta de respeto hacia una autoridad, le otorgamos a nuestros hijos permiso para hacer lo mismo. Puede ser que no estemos de acuerdo con cierta decisión tomada por una autoridad, pero tenemos que cumplir con ella.

Un buen ejemplo de cómo padres pueden violar este principio es durante los juegos deportivos de sus hijos. Es aquí cuando podemos ser testigos de la forma que los padres le faltan el respeto a la autoridad al tratar con los árbitros. Los padres a menudo se dejan ir por la emoción del juego y se quejan con el árbitro por las llamadas que hacen en ciertas jugadas. Cuando padres hacen esto, están abriendo el paso para que sus hijos le falten el respeto a su propia autoridad. Los árbitros, como toda la gente, cometen errores. Los padres deben ayudar a sus hijos entender que los árbitros brindan límites para que todos puedan disfrutar del partido.

Una de mis oraciones diarias para mis hijos es que ellos obedezcan a sus padres, maestros, y entrenadores. Yo quiero que ellos crezcan con un compromiso sincero para vivir bajo la autoridad. Mientras nosotros mantenemos el respeto hacia las autoridades, incluso cuando no estamos de acuerdo con ellas, ayudamos a nuestros hijos a aprender a respetar la autoridad. Esto, a su vez, refuerza su respeto a la autoridad.

Capitulo 6

Utilizando Nuestra Autoridad

Juan1:1–4 explica que Yeshúa es el autor de la vida: "En el principio era la Palabra y la Palabra estaba con Dios y la Palabra era Dios. Él estaba con Dios en el principio. Todas las cosas fueron hechas por él y sin él nada de lo que existe hubiera existido. En él estaba la vida y la vida era la luz de la humanidad."

El Evangelio nos dice, "Ellos se quedaron asombrados por su manera de enseñar, porque no les instruía como lo hacían los maestros de la *Torah*, sino como uno que realmente tiene autoridad él mismo" (Marcos 1:22) Yeshúa es el Autor y tiene autoridad sobre todas las cosas. Mientras Yeshúa comisionaba a sus discípulos, el les decía, "Toda autoridad me ha sido dada en los cielos y en la tierra. Por lo tanto, id y haced *talmidim* a las personas de todas las naciones… y enseñándolas a obedecer todas las cosas que yo os he mandado" (Mateo 28:18–20).

Se nos ha otorgado la autoridad de ser autores en las vidas de nuestros primeros discípulos, nuestros hijos. Cuando uno de mis hijos tenía cinco meses, mi esposa y yo vimos el impacto que yo tenía sobre su vida. Yo tuve que asistir a una conferencia; era la primera vez que yo había dejado a mi hijo por más de un día. Normalmente él era un bebe muy tranquilo y feliz, pero se volvió muy uraño y lloraba cuando Silvia lo recostaba para su siesta. Por lo regular, el dormía en paz, pero en este día el pedía ser cargado. Bueno, mi esposa y yo nos preguntábamos si nuestro hijo me había extrañado. Cuando yo regresé de la conferencia y jugué con él, mi hijo se puso contento de nuevo. Por eso es importante saber que nunca podemos subestimar la capacidad que tenemos de ser autores de la vida de nuestros hijos.

Si nosotros aceptamos esta comisión de criar a nuestros hijos, podemos depender en la autoridad de Yeshúa. Nosotros tenemos la autoridad de construir, de corregir, de reprender, de animar, y hacer discípulos de nuestros hijos.

Usando la Autoridad Versus Siendo Autoritario

El Señor nos llama a caminar en nuestra autoridad dada por Él sin ser autoritario. Los padres deben exigir la obediencia de sus hijos y no deben abdicar de su papel que les corresponde, la autoridad bíblica verdaderamente no es autoritaria. Colosenses 3:21 le dice a los padres, "no irritéis a vuestros hijos y hagáis que vivan con resentimiento o se sentirán desanimados." Efesios 6:4 le dice a los padres que "no irritéis a vuestros hijos ni hagáis que estén resentidos, en lugar de ello, criadlos con la clase de disciplina y guía del Señor." Es fundamental que nosotros manejemos nuestra autoridad con calma, sin ser ásperos.

I Corintios 10:13 dice que Dios nos da una salida cuando estamos cayendo en la tentación. Nosotros podremos mostrarle a nuestros hijos una salida cuando ellos están bajo la tentación de desobedecernos. Una cosa que me gusta hacer es darle a mis hijos un "aviso de dos minutos." Cuando nuestros hijos están en medio de una actividad, ya sea que estén con un juguete o estén inmersos en un juego de computadoras, un aviso de dos minutos los ayuda a saber que ya va ser hora de dejar el juego e ir a cenar, por ejemplo.

Gary y Anne Marie Ezzo, los directores de Growing Families International, recomiendan el "proceso de apelación" como una herramienta que nos puede ayudar a nosotros, los padres, a no desesperar a nuestros hijos. Cuando exigimos algo de nuestros hijos, solo dos respuestas son aceptables: "Si, mami o papi," o "¿Puedo apelar?" En forma que el proceso de apelación pueda ser un éxito, el niño debe ser, en general, obediente. El niño debe pedir la apelación en forma humilde. Si el padre cede a la apelación, el niño debe proveer a su padre la información que el padre necesita saber. El niño debe entender que su padre puede responder con un "Si," "No," o "Talvés." Si el padre le niega la apelación, el niño no debería de continuar rogando para salirse con la suya. El niño solo debe pedir la apelación una vez (Ezzo y Ezzo, 281–287).

Mi hijo Caleb ha dominado el proceso de apelación. Hay veces que después de la cena, yo tengo prisa para que se laven los platos. Caleb es el encargado de colocar los platos en la lavadora de trastos. Pueda que yo diga, "Hora de lavar los platos." Con frecuencia Caleb dice, "¿Puedo apelar?" Después que digo sí, él dice, "Todavía estoy comiendo." Claro que lo dejaré terminar de comer.

Evitando Avergonzar a Nuestros Hijos

A veces los padres avergüenzan a sus hijos como forma equivocada de controlarlos. Lejos de ser una estrategia sana, avergonzando a nuestros hijos solo crea resentimiento en ellos. Aunque si debemos de confrontar el pecado de nuestros hijos, también necesitamos valorar sus sentimientos y emociones. Nosotros debemos traer el pecado a la luz sin amontonar condenación sobre ellos.

Evitando avergonzar a nuestros hijos aplica en particular a situaciones en público:

> Nunca avergüenzen a un niño en frente de otros, ni en frente de sus amigos. Aun en situaciones cuando se justifique que el niño sea reprendido por algún hecho o error, la reprensión no debe ocurrir en frente de otros. Sometiendo un niño al escarnio público solo crea un resentimiento en la cual, si se permite acumular y supurar, algún día podrá ser expresado a través de la rebeldía y el desafío. (Donin, 70)

Talvés un niño haya cometido una ofensa pública. En esta situación, es recomendable que nuestra reprensión ocurra en privado, fuera de la mira de los demás. De esta manera, la dignidad de nuestro hijo es preservada. Nosotros podemos reprender a un niño en privado y luego, si es necesario, pedir que el niño se disculpe ante el grupo.

Cuando "explotamos" y somos muy duros con nuestros hijos, debemos reconocer nuestro error y buscar el perdón. Como padre, me he disculpado muchas veces con mis hijos por hablar severamente con ellos. Hay veces que, como padres, no le "damos al blanco", pero es importante evitar que llevemos a nuestros hijos a ese punto de amargura, desanimo, o exasperación.

La autoridad bíblica no es una dictadura. Hablando con un tono severo, usando órdenes perentorias, y expresando frustración debe de no ser nuestro método usual. En vez, Dios nos llama a caminar en autoridad de servidor: "pastoread el rebaño de Dios que está bajo vuestro cuidado, ejercitando la vigilancia no por obligación, sino de manera voluntaria, como quiere Dios que lo hagáis y no por el deseo de obtener ganancias deshonestas, sino con entusiasmo; además tampoco no como si os perteneciesen y dominaseis sobre aquellos que están bajo vuestro cuidado, sino como personas que se convierten en ejemplo para el rebaño" (I Pedro 5:2–3).

Mientras servimos a nuestra familia, cuidando a nuestro "rebaño" con entusiasmo y con un ejemplo positivo, estaremos ejercitando nuestra autoridad en una manera que trae vida a nuestros hijos. En vez de buscar obediencia a corto plazo a través de estilos dictatoríos, nosotros debemos confiar en Dios para los resultados a largo plazo. Mientras ejercemos autoridad y exigimos la obediencia de nuestros hijos de tal manera que honra al Señor, eventualmente seremos testigos del buen fruto en las vidas de nuestros hijos.

El Centurión y su Comprensión de la Autoridad

Cuando el centurión escuchó que Yeshúa venía a su casa a curar sus sirvientes, el mandó a sus amigos para darle este mensaje a Yeshúa:

> Señor, no te molestes porque no soy digno de que entres bajo mi tejado, es por esto que yo no me atreví a acudir a ti yo mismo. Pero en lugar de ello, da la orden y deja que mi siervo se recupere. Porque también yo soy un hombre con

> gran autoridad y tengo soldados bajo mi mando y le digo a este: '¡Ve!' Y va y a otro: '¡Ven!' Y viene y a mi esclavo: '¡Haz esto!' Y lo hace. (Lucas 7:6–8)

Yeshúa se asombró de la fe del Centurión. El Centurión entendió lo que significaba el caminar bajo la autoridad. Porque el mismo era un hombre "bajo la autoridad", el entendió la dinámica espiritual de ser un líder por ejemplo: él no podía esperar que aquellos bajo su autoridad lo obedecieran si el mismo no obedecía sus autoridades.

Nosotros tendremos mucha más confianza requiriendo que nuestros hijos nos obedezcan si nosotros mismos caminamos completamente en obediencia con el Señor. Tendremos autoridad moral si respetamos las autoridades en nuestras propias vidas y en las vidas de nuestros hijos, incluyendo adultos, maestros, entrenadores, empleadores, la policía, y el sistema judicial.

Finalmente, el centurión entendió que Yeshúa tenía la autoridad sobre todas las cosas, incluyendo la salud y la enfermedad. Él le dijo a Yeshúa que solo "da la orden y deja que mi siervo se recupere". Mientras hablemos palabras de fe con autoridad a nuestros hijos, podremos ver el orden y la autoridad de Dios entrando a sus vidas.

El Principio de la Unidad

La unidad entre madre y padre permite que los padres sean más eficientes en la formación de la vida de sus hijos (cf. Salmos 133). Las dos grandes figuras de autoridad en la vida de los niños son su madre y su padre. Cuando los padres ejercitan la autoridad en forma unificada y bíblica, Dios les brinda bendiciones a largo plazo y vida a los niños. Hay veces que cuando un niño no logra obtener lo que quiere con un padre, se va con el otro a pedir lo mismo esperando que su respuesta sea la que él quiera escuchar. Esto no debe ser permitido. Si un padre provée dirección, eso debe ser aceptado por el niño. Cualquier desacuerdo entre los padres debe ser solucionado en privado; nuestros hijos necesitan saber que estamos firmemente unidos en nuestros estándares y nuestras expectativas para ellos.

En el ámbito escolar, yo he visto alumnos tratar de trabajar a sus padres en contra de un maestro o viceversa, sobre todo cuando tienen que asumir la responsabilidad por sus acciones. Los niños tratarán de escaparse de la responsabilidad personal. Sin embargo, mientras que los padres y maestros se mantengan unidos, los asuntos disciplinarios de los niños podrán ser tratados con éxito y el carácter de largo plazo del niño se fortalecerá. Sin el respeto apropiado hacia la autoridad, un niño no podrá aprender. La habilidad que tienen nuestros hijos de escuchar a y obedecer a sus maestros tendrá un gran impacto en la eficacia de su educación. Los padres y los maestros deben estar en acuerdo.

Las Escrituras nos dicen que la palabra de Dios no volverá vacía pero cumplirá su propósito (Isaías 55:11). Nosotros, como padres tenemos que trabajar juntos para formar vida en nuestros hijos. Al instruir nuestros hijos en la Palabra de Dios y hablando las Escrituras sobre ellos, nosotros podremos ayudarles a verse desde la perspectiva de Dios; los fortaleceremos en el Señor.

Capitulo 7

Declarando la Victoria del Mesías

Nosotros, como creyentes sabemos que Yeshúa ya ha tomado la victoria para nosotros a través de su muerte y resurrección. Sin embargo, entre las presiones diarias de la vida, podemos olvidarnos de este triunfo verdadero y fundamental. Es más, al criar a nuestros hijos a través de todas las batallas que ellos perduran, es fácil desanimarse y preguntarse si en verdad "tendremos la victoria." Dios quiere que criemos a nuestros niños con el entendimiento y la visión que ellos son victoriosos en el Mesías. La forma en la cual hacemos esto es con la declaración continua de las verdades de la Palabra de Dios en sus vidas.

Hablando Palabras de Vida

Cuando hablamos la Palabra de Dios sobre nuestros hijos, se desarrolla una fe viviente dentro de ellos. Como Romanos 10:17 nos dice, "De manera que fe viene por el oír y el oír por la palabra proclamada acerca del Mesías." Nosotros debemos declarar activamente la Palabra viviente sobre nuestros hijos para que ellos puedan constantemente escucharla. Niños, por naturaleza, son seres que confían. ¡Ellos creen lo que le decimos!

La historia del llamado de Moisés por Dios es instructiva. Este gran líder, el quien creció sin un padre piadoso, tuvo un comienzo no muy favorable. Moisés le dijo a Dios, "¿Y quién soy yo...?"(Éxodo 3:11) y "Señor, yo nunca me he distinguido por mi facilidad de palabra...Y esto no es algo que haya comenzado ayer ni anteayer, ni hoy que te diriges a este servidor tuyo. Francamente, me cuesta mucho trabajo hablar" (Éxodo 4:10). Talvés fue porque Moisés no tuvo un ejemplo paterno, la razón por la cual el inicialmente tuvo dificultad verse a sí mismo de la misma perspectiva que el Señor.

Silvia y yo descubrimos muy temprano que uno de nuestros hijos, como Moisés, tenía un impedimento del habla. De inmediato decidimos creer que Dios convertiría este reto para su gloria, y nosotros nos comprometimos a hablar palabras positivas de vida sobre el habla de nuestro hijo. Desde entonces, hemos visto a nuestro hijo embarcar su terapia del habla; el está motivado a mejorar su habla. Mientras que nuestros hijos maduran, nuestro reto es hablar sobre ellos palabras de vida que los ayuden a crecer con la confianza interna que Dios tiene para ellos.

Orando Sobre Nuestros Hijos

La bendición Aarónica es una oración dada por Dios que podemos con frecuencia declarar sobre nuestros hijos: El Señor te bendiga y te guarde; el Señor te mire con agrado y te extienda su amor; el Señor te muestre su favor y te conceda la paz" (Números 6:24–26).

Esta es una oración de bendición, en la cual Dios guardará sobre nuestros hijos, guiará su camino, mostrará su favor, y les dará su paz. ¿Qué más necesitamos?

Cuando oramos, nuestros hijos aprenden a responder a los retos de la vida con oración. Cuando nuestra hija tenía casi dos años, y Silvia estaba embarazada con nuestro segundo hijo, algo gracioso ocurrió. Anna vio que los calcetines de Silvia tenían agujeros y dijo, "¡Ay no, hoyos!" Luego pregunto, "¿Orar?" Entonces ella fue a su mamá, se sentó a su lado en el sofá, e inclinó su cabeza.

Entonces Anna empezó a orar, "Jesús, bebé, orar." Después de que su madre le agradeció con emoción, Anna puso su mano sobre su mamá y oró, "Jesús, bebé, orar."

Además de decir "Amén", esa fue la primera vez que nuestra hija había orado en voz alta, y lo hizo ella sola. Ella fue motivada a orar por su hermano en el vientre de su mamá tal como ella había visto a sus padres orar por ella y su hermanito que pronto vendría.

Nosotros debemos bendecir a nuestros hijos constantemente. En su presencia, nosotros debemos orar frecuentemente que Dios les bendiga: que ellos sean bendecidos con cada bendición espiritual en el Mesías, que Dios siempre cause que ellos triunfen en el Mesías, que ellos son más que vencedores en el Mesías, que ellos son bendecidos para que así ellos puedan ser una bendición para otros, y que el Señor esté con ellos.

Cuando respondemos a los diferentes retos de la vida a través de la oración, estamos comunicando que nuestra respuesta a la dificultad no es desánimo y derrota, pero esperanza y la victoria. Filipenses 4:6–7 dice, "No os preocupéis por nada, por el contrario, dad a conocer vuestras peticiones a Dios por medio de la oración y petición, con acciones de gracias. Entonces el *shalom* de Dios, que sobrepasa todo entendimiento, guardará vuestros corazones y mentes a salvo en unión con el Mesías Yeshúa." Nosotros debemos compartir con nuestros hijos cuando Dios responde nuestras oraciones. Mi esposa se recuerda que nuestro bebé Joshua era quisquilloso; ella oró por él, y él se tranquilizó. Cuando compartimos este testimonio con la familia, ¡Anna se llenó de alegría!

Dejen que los niños vean que cuando estamos bajo la tentación de preocuparnos, decidimos orar. Cuando somos tentados a quejarnos, que demos nuestro más sincero agradecimiento por las situaciones de nuestra vida. Cuando somos tentados a tener resentimiento, cuando uno tiene lástima de sí mismo, o cuando uno quiere criticar a otros, necesitamos practicar el perdón y la oración.

Una vez, cuando estuve de viaje, alguien robó los datos de mi tarjeta de crédito. El individuo compró varias cosas caras en solo pocos días. Bueno, Silvia en particular sintió que habíamos sido violados y expresó ira hacia tal persona. Sin embargo, ella observó que nuestros hijos estaban adoptando ese mismo punto de vista que Silvia tenía. Silvia realizó que nosotros necesitábamos perdonar a esa persona. Así que reunimos a nuestra familia, oramos, y perdonamos, como una familia, a la persona quien nos había robado la tarjeta.

Cuando oramos con nuestros hijos acerca de los retos en la vida, el Señor abre sus corazones y puede trabajar a través de ellos de tal manera que ellos son lavados de pecado y las preocupaciones de este mundo. Al limpiar su ser, ellos son capaces de seguir adelante de manera positiva con una motivación restaurada para vivir para el Señor.

Ganando el Premio

Filipenses 3:13–14 nos anima:

> Hermanos, yo por mi parte, no pienso que ya lo haya conseguido, pero una cosa sí hago: olvidando lo que queda atrás y esforzándome por lo que está delante, sigo a la meta con el fin de ganar el premio ofrecido por el Mesías Yeshúa.

A Dios le interesa como nuestras familias corren esta carrera. Él nos incita a participar en esta carrera para que ¡ganemos el premio eterno en el Mesías! Para nosotros, eso significa que necesitamos instruir a nuestros hijos, porque sin la instrucción no podemos esperar que nuestros hijos estén preparados a cumplir con esta carrera para poder ganar el premio eterno. Con frecuencia, lo que necesitamos hacer es invertir el tiempo para hablar con la perspectiva de Dios con nuestros hijos en tiempos que ellos estén enfrentando diferentes temas de la vida. Nosotros necesitamos ayudarles a olvidar fracasos del pasado mientras ellos caminan en el poder purificador del pecado confesado. Al hacer esto, estamos ayudándoles a someterse a la excelencia en vez de la perfección. Excelencia es un motivador genial con una orientación basada en el futuro de nuestros hijos. En contraste, el perfeccionismo puede causarles que se enfoquen en fracasos del pasado y vacilen al tomar retos en el futuro.

Uno de mis desafíos continuos con mis propios hijos es ayudándoles a ver que yo simplemente quiero que vivan, trabajen, y jueguen con todo corazón para Yeshúa. Si ellos no sacan una "A" en un examen o si fracasan en ganar un partido de fútbol, está bien. Dios está más interesado en el proceso y no tanto en el resultado. Ellos pueden controlar su esfuerzo, tal como sus hábitos de estudio, pero necesitan dejar los resultados en las manos de Dios.

Nosotros debemos caminar esto en nuestras propias vidas si es que esperamos que nuestros hijos tengan una perspectiva sana. Ellos deben vernos trabajar con todo nuestro corazón para servir al Señor (Colosenses 3:23). Si no logramos ganar un contrato en el trabajo, nuestros hijos deben ver que podemos darle esto al Señor y seguir adelante con un enfoque positivo en vez de ahogarnos en la derrota y sentir lástima por uno mismo. Si caminamos de esta forma, estaremos mostrándoles a nuestros hijos como tratar con el fracaso de una manera sana y seguir adelante hacia el reto que sigue con una actitud victoriosa.

Caminando en Fe

El Señor nos llama a caminar en fe y no con nuestros pensamientos. Yo recuerdo cuando hablé con un joven acerca de sus palabras al levantarse en la mañana. Yo lo desafié que en vez de decir palabras como "Estoy cansado…no me siento bien…yo no quiero ir a la escuela," que hablara palabras llenas de vida, como, "¡Este es el día que hizo el Señor; un día de alegría y de gozo!"

Proverbios 18:21 dice, "En la lengua hay poder de vida y muerte." Las palabras que comunicamos impactarán nuestras vidas tremendamente. Es más, si usamos nuestras palabras de manera que den vida, las Escrituras dicen que brillaremos como estrellas en el mundo (Filipenses 2:14–16). Padres, si ustedes quieren que sus hijos brillen la luz de Yeshúa hacia otros, enséñenles a caminar en alegría, sin argumentar y quejarse.

En una cierta ocasión, mi hija de nueve años recibió un complemento. Su tía no solo se dio cuenta que ella obedecía consistentemente pero lo hacía con una buena actitud, especialmente cuando eran cosas que en verdad ella no quería hacer. Cuando nuestros hijos conducen su vida sin argumentar acerca de sus preferencias o quejándose sobre lo que les toca, otros ven que el Señor está haciendo una diferencia en sus vidas. ¡Ese si es un testimonio poderoso!

Si nuestros hijos viven en base a sus sentimientos, sus vidas serán como una montaña rusa, arriba y abajo y en toda dirección. Sin embargo, si nuestros hijos son instruidos a vivir la fe por la Palabra de Dios, ellos aprenderán a caminar por las promesas de Dios para su vida. Su fe producirá fidelidad, que a su vez será usada por el Señor para desarrollar carácter como el del Mesías.

Mientras que nuestros jóvenes aprenden a encomendar sus vidas al Señor, ellos comprenderán su identidad en el Mesías y el plan victorioso de Dios en sus vidas. Al caminar en fe, ellos se verán cada día más como "extranjeros y residentes temporales" (I Pedro 2:11) que simplemente están pasando a través una tierra extranjera mientras están en este mundo. Esta perspectiva de fe les permitirá no dejarse llevar por los problemas y las circunstancias momentarias; ellos van a caminar con confianza.

La Palabra de Su Testimonio

Nosotros debemos de enseñarle a nuestros hijos la estrategia de Dios para poder superar victoriosamente, como se describe en Revelación 12:10–11:

> ¡Ahora hemos presenciado la victoria, el poder, la soberanía de Dios y la autoridad de su Mesías; porque el Acusador de nuestros hermanos, que les acusa día y noche ante Dios, has sido echado fuera! *Le derrotaron por medio de la sangre del Cordero y por el mensaje de sus testigos.* Incluso cuando se enfrentaron con la muerte no se aferraron a la vida. (cursivas añadidas)

Los niños aprenden a ser vencedores en la vida cuando eligen a confiar en la Palabra de Dios en vez de creer en las mentiras del enemigo. Nosotros necesitamos tomar el tiempo para enseñarle a nuestros hijos como aplicar la sangre del Cordero de Dios en sus corazones por medio del arrepentimiento y la confesión de los pecados. Nosotros podemos animarlos a caminar en fe al recordarles que son discípulos de Yeshúa. Mientras ellos aprenden a afirmar la victoria de Dios en sus vidas, y a medida que ellos empiezan a comprender que Dios los ha comprado por un precio, ellos van a desarrollar una fe que los ayudará a amar a Dios más que a sus propias vidas. Las acusaciones de Satanás no tendrán ningún impacto ante sus vidas. Ellos entenderán y caminarán su posición en el Mesías.

Aprender a superar es un proceso. I Juan 2:14 dice, "A vosotros, jóvenes, os he escrito porque sois fuertes, la Palabra de Dios permanece en vosotros y habéis vencido al Maligno." Cuando yo era un estudiante en el colegio universitario, recuerdo una temporada cuando mi vida pendía de un hilo. Para poder mantener un sentido de una vida espiritual, yo busqué las Escrituras, decidido a alabar a Dios a pesar de mis dudas, y confesé verdades bíblicas sobre mi vida. Por la gracia de Dios, El Señor me ayudó a superar mis dudas porque su Palabra se hizo parte de mí ser.

En la vida de un creyente, la victoria se gana o se pierde en la mente:

> Porque aunque vivimos en el mundo, no hacemos la guerra como lo hace el mundo porque las armas que usamos para hacer la guerra no son del mundo. Todo lo contrario, tienen el poder de Dios para destruir fortalezas. Nosotros demolemos los argumentos y toda arrogancia que se yergue en contra del conocimiento de Dios, *llevando cautivo todo pensamiento, haciendo que obedezca al Mesías.* (2 Corintios10:3–5, cursivas añadidas)

Nosotros necesitamos enseñarles a nuestros hijos a tomar cautivos sus pensamientos y alinearlos con el Mesías y su Palabra.

Con frecuencia lé digo a mis hijos que piensen en Yeshúa cuando tienen miedo. A la edad de seis años, uno de mis hijos recibió una profunda herida debajo de la rodilla mientras jugaba fútbol. La sangre le salía a borbotones y el tenía miedo. Después de poder controlar la sangre, el empezó a expresar histeria por tener que ir al hospital para recibir puntos de sutura. Yo lo animé a pensar en Yeshúa, y su testimonio es que Dios lo ayudó a mantener la calma y lo ayudó a estar en paz mientras las enfermeras y los doctores lo atendían.

Aunque claramente esta no fue una experiencia placentera para mi hijo, el pudo aprender una verdad muy importante expresada en Isaías 26:3: "Al de carácter firme lo guardarás en perfecta paz porque en ti confía." Al enfocarse en Dios y las maneras de Dios, mi hijo camino en la victoria de Yeshúa. Afirmaciones regulares de la victoria de Dios en sus vidas ayudarán a nuestros hijos tener una actitud victoriosa y crecer para ser Campeones para Dios.

Parte 2

Métodos Prácticos Para la Crianza de Nuestros Hijos

La forma en la cual criamos a nuestros hijos ultimadamente muestra nuestros valores ante ellos. Como Santiago 2:18 dice, "¡Pero alguien dirá que tú tienes fe y no acciones. Muéstrame tu fe sin ir acompañada de acciones y yo te mostraré mi fe por mis acciones!" Nosotros mostramos si en verdad estamos sometidos a seguir a Dios y su Palabra a través de nuestras acciones.

La meta número uno de la vida familiar debe ser seguir al Mesías. Nuestro ejemplo diario es sumamente importante. ¿Es nuestro ejemplo uno de integridad–una vida en la cual nuestras palabras y acciones concuerdan? ¿O mandamos mensajes contradictorios a nuestros hijos?

Para poder comunicar un estándar claro, nosotros debemos enfrentar nuestros propios problemas. 1 Juan 1:7 dice, "Pero si caminamos en la luz, como él es luz, tenemos comunión los unos con los otros, y la sangre de su Hijo Yeshúa nos purifica de todo pecado." Nosotros debemos ser honestos con los niños cuando cometemos errores. Cuando tengo un argumento con Silvia que trastorna la paz del hogar (y mis hijos están conscientes del hecho), yo voy con ellos, con mi esposa, y abiertamente enfrentamos esta transgresión.

Como implica la Escritura citada anteriormente, si los padres niegan su pecado ante la familia, la familia no tendrá comunión. Sin embargo, al reconocer nuestro propio pecado, el estándar es reestablecido y un sentido de lo correcto es restaurado; es entonces en la cual la comunión es renovada en la familia. Además de tratar con nuestro propio pecado, debemos tratar de vivir de acuerdo con el poder del Espiritú de Dios. Gálatas 5:22–23 redacta las características de aquellos quien viven por el poder del Espiritú: "Pero el fruto del Espíritu es amor, gozo, paz, paciencia, amabilidad, bondad, fidelidad, humildad, autocontrol. Nada en la *Torah* está en contra de estas cosas."

Es dentro de este marco que vamos a discutir como ayudar a que nuestros hijos logren a ser discípulos de Yeshúa. Mateo 28:19–20 nos comisiona "id y haced *talmidin* a las personas de todas las naciones…y enseñándolas a obedecer todas las cosas que yo os he mandado." El discipulado comienza en la familia. En los siguientes capítulos, veremos que es lo que debemos enseñar a nuestros hijos, estableciendo limites, la naturaleza de la formación, tratando con la rebelión, comunicación relacional, el *Sh'ma* como modelo de enseñanza, y lo que pueden aprender nuestros hijos de los festivales bíblicos.

Capitulo 8

La Satisfacción de la Instrucción

La meta de nuestra instrucción es que nuestros hijos apliquen la Palabra de Dios en cada aspecto de la vida para que ellos puedan crecer en sabiduría, en conocimiento, en discernimiento, en una vida disciplinada y prudente, en un compromiso a hacer lo que es correcto, justo y equitativo, al igual que otras virtudes bíblicas (Proverbios 1:1–7). Central en este esfuerzo es el reconocimiento de que Dios es el que da todos estos atributos.

La Palabra de Dios

Los niños entran a la fe en Dios al escuchar la Palabra de Dios (Romanos 10:17). Nosotros debemos hablar, cantar, y orar las Escrituras continuamente en casa. La Palabra de Dios siempre debe estar en frente de nuestros hijos.

Las Escrituras hablan acerca de métodos para ayudarnos a recordar la Palabra de Dios. Números 15:38 dirige a la gente judía a colocar flecos en sus vestidos para recordarles a cumplir con los mandamientos de Dios. Nosotros podemos usar otros métodos. Yo tengo muy buenos recuerdos de aquellos días que visitaba mis abuelos y miraba los versículos colgados en las paredes. Podemos utilizar métodos creativos para mantener el contenido principal de nuestra enseñanza, la Palabra de Dios, siempre delante de nuestros hijos.

Al aplicar la Palabra de Dios ante sus vidas, nuestros hijos crecerán en carácter piadoso. Siempre debemos enfatizar los Diez Mandamientos. Yeshúa resumió estos estándares en Mateo 22:37–39: "'Amarás a *Adonái* tu Dios con todo tu corazón y con toda tu alma y con todas tus fuerzas.' Este es el mayor y más importante de los *mitzvot*. Y un segundo es similar a este: 'Amarás a tu prójimo como a ti mismo."

La Regla de Oro

La Regla de Oro que dice, "Tratad a otras personas como os gustaría que os tratasen" (Lucas 6:31), debería ser enfatizada continuamente en el hogar. Al ayudar a nuestros niños considerar como ellos quisieran ser tratados, les proveerá las instrucciones necesarias para saber como tratar a sus hermanos, amigos, vecinos, adultos, y si, a cualquier persona con quien ellos traten en sus vidas.

Cuando un individuo no judío le preguntó al sabio judío, Hillel, que le enseñara la totalidad del *Torah* mientras se paraba con solo un pie, el respondió, " Lo que encuentres odioso no hagas a tu amigo. Esto es el *Torah*, el resto es comentario. Ir estudiarlo" (*b. Sab.* 31a). La respuesta de Hillel, el converso de la Ley de Oro, nos ayuda a ver la amplia aplicación de la Regla de Oro.

Cuando hay necesidad de disciplinar a nuestro hijo porque ha lastimado a otro, podemos exhortar que el camine según dicta la Regla de Oro. Podemos hacer preguntas tal como, "¿Te gustaría que alguien te pegara a ti?" Después de que su hijo responda con un, "No", dígale a su hijo, "Entonces no le pegues a tu hermano."

Podemos aplicar la Regla de Oro en muchas situaciones con nuestros hijos. "¿Te gustaría que alguien te llamara malos nombres?"; "¿Te gustaría que alguien hablara chismes de ti o dijera malas cosas acerca de ti?"; "¿Te gustaría que alguien te arrebate tu juguete?"; "Te gustaría que alguien te escupiera?", "¿Si fueras maestro, te gustaría que uno de tus alumnos te faltara el respeto?", "¿Si estuvieses preparando una cena para los demás, te gustaría que alguien te dijera que no le gusta la comida?" Es necesario que la Regla de Oro sea un punto de énfasis continuo en el hogar, especialmente mientras le enseñamos a nuestros hijos como tratar a los demás.

El Mandamiento del "Unos con los Otros"

Así mismo, los mandamientos del "uno al otro" deben ser utilizados. Aproximadamente hay treinta dichos mandamientos en las Escrituras. Varios ejemplos son "sed bondadosos los unos con los otros, compasivos" (Efesios 4:32), "Amaos los unos a los otros…mostrando respeto" (Romanos 12:10), "Sed sensibles a las necesidades los unos de los otros" (Romanos 12:16), y "animaos los unos a los otros y edificaos" (1 Tesalonicenses 5:11). Estos versículos son útiles mientras instruimos a nuestros hijos.

Otro mandamiento importante que trata acerca de cómo tratar a los demás es Romanos 16:16 que dice, "Saludaos los unos a los otros". Es importante que le enseñemos a nuestros niños a saludar a los demás con entusiasmo, contacto visual, y con una sonrisa. La timidez no es una excusa legítima. Aunque no es necesario meternos en una gran batalla con nuestros hijos cuando no saludan a un adulto, tampoco deberíamos excusarlo diciendo, "es que solo es tímido." Si su hijo no regresa un saludo, solo dígale a la persona que esta es un área en la cual sigue trabajando con su hijo.

Hay una tienda cerca de nuestra casa que tiene un estacionamiento un poco angosto. Con frecuencia, esta tienda está bien ocupada y las colas en las cajas son bastante largas. Este efecto cumulativo puede crear un ambiente hostil. Mi esposa aun ha sido testigo de varios argumentos entre los clientes sobre quien estaba primero en la cola. Bueno, un día yo le mostré a mis hijos como contrarrestar actitudes negativas con unas que son positivas. En nuestro carro, empezamos a saludar a la gente. La gente sonreía y nos saludaba con la mano. Proverbios 15:30 dice, "Una mirada radiante alegra el corazón." Con un simple y sincero saludo, los niños pueden aprender a difundir la luz de Yeshúa a los demás.

Agradecimiento en vez de Quejas

Un principio muy importante de instruir es la gratitud. Filipenses

2:14-15 dice, "Hacedlo todo sin *kvetching* (quejarse) y sin discutir para que seáis como hijos de Dios irreprochables y puros, sin defecto en medio de una generación malvada y pervertida entre la cual brilláis como estrellas en el cielo." Nosotros debemos entrenar a nuestros hijos que aprendan a evitar esa tendencia de quejarse y discutir, y en vez decidir estar agradecidos. ¿Cómo logramos esto?

1 Tesalonicenses 5:18 dice, "Dad gracias en todo." Es fundamental estar sinceramente agradecido con el Señor y con los demás. Twerski y Schwartz señalan el efecto positivo que la gratitud puede tener en el carácter de un niño:

> Las consecuencias psicológicas de la gratitud pueden ser de gran alcance. La gratitud es un efecto positivo; no obstante, no puede coexistir con un efecto negativo, tal como la luz no puede coexistir con la obscuridad. Si la gratitud puede ser desarrollada adecuadamente, puede ser el método más eficaz para eliminar la angustia de varios tipos. (Twerski and Schwartz, 211).

Si nuestros hijos se aferran al principio de caminar con una actitud de gratitud, esto cambiará radicalmente sus carácteres y actitudes en la vida.

Las bienaventuranzas de Yeshúa, las cuales se encuentran en Matéo 5:1–12 son excelentes para equipar a nuestros hijos de por vida. Con frecuencia yo les digo a mis hijos que "la actitud es todo." Por ejemplo, Matéo 5:5 dice, "¡Benditos son los manso porque ellos heredarán la Tierra!" Las actitudes tales como la mansedumbre, la cual es fortaleza bajo control, deben ser fomentadas.

Las actitudes hacen una gran diferencia en la difusión de la luz de Cristo a los demás. Las Bienaventuranzas proclaman como somos bendecidos, y nuestros hijos tienen que vivir sabiendo que son bendecidos. Estas declaraciones de bendición aplican también a situaciones que aparentan ser negativas, tal como ser pobre en espíritu, lamentación, teniendo que mostrar misericordia hacia aquellos que nos han herido, teniendo que hacer la paz con otros, siendo perseguidos, siendo insultados, y siendo falsamente acusados. Si nuestros hijos pueden aprender que ellos todavía son fundamentalmente bendecidos en estas situaciones, ellos habrán aprendido una lección de mucho valor.

El Fruto del Espíritu

El fruto del Espíritu también debe ser enfatizado. Gálatas 5:22–23 explica: "El fruto del Espíritu es amor, gozo, paz, paciencia, amabilidad, bondad, fidelidad, humildad, autocontrol." Los valores delineados en este pasaje implican la necesidad de mostrar empatía hacia los demás.

Los niños por naturaleza tienden a mirar más para sí que para los demás. Mostrando preocupación por un compañero de estudios, o un amigo del barrio que no es popular, es una práctica digna de inculcar. El desafío aquí es lograr hacer que nuestros hijos puedan pensar en los demás antes de pensar en sí mismos.

El Carácter de Yeshúa

El carácter de Yeshúa también debe ser parte del contenido de la instrucción. Efesios 5:1–2 dice, "Imitad a Dios, como sus hijos amados, y llevad una vida de amor, de la misma manera que el Mesías nos amó a nosotros." Yeshúa es humilde (Filipenses 2:5–8), misericordioso (Isaías 53), y lleno de amor (Juan 15:12–14). El también es entregado (Mateo 16:24–25), valiente (Mateo 26:50–56), diligente (Lucas 18:1–8), y deciso (Mateo 22:15–22).

Las Escrituras hablan de muchos rasgos de carácter de Yeshúa. Nuestro Mesías está lleno do gracia y verdad (Juan 1:14), y somos llamados a hablar la verdad con amor (Efesios 4:15). El está lleno de propósito (Lucas 9:51). Yeshúa es un sirviente que sufre (Isaías 53), y él es santo (1 Pedro 1:15–16). ¿Será que nuestros hijos deberían tratar de imitar a Dios? ¡Absolutamente! Nuestra vida en Dios es un proceso continuo de nuestro carácter convirtiéndose más y más como Él.

Obediencia, Honor, y Éxito

Las virtudes de la obediencia, el honor, y el éxito deben ser instruidos en nuestros hijos. Efesios 6:1–3 enfatiza lo correcto que es que los niños obedezcan a sus padres. También enfatiza lo importante que es honrar a nuestros padres y nuestras madres, y la bendición que sigue: "para que os vaya bien y para que viváis durante largo tiempo en la Tierra." Nuestros hijos necesitan saber que ellos tendrán una vida plena y realizada cuando siguen los caminos de Dios.

La obediencia hacia las autoridades Dios ha puesto en nuestras vidas es una lección esencial que debemos enseñar. La obediencia es una acción pronta y dispuesta a las instrucciones de la autoridad. Obedecer la primera vez que se le exige es una cuestión objetiva. Los niños o obedecen la primera vez o no es obediencia. No deberíamos permitir que ellos retrasen obediencia o que solo obedezcan después de que nosotros persistamos o después de que le hablemos con dureza. Una de mis oraciones regulares es que mis hijos obedezcan a sus padres, maestros, y entrenadores.

La gente de Israel, quienes caminaron por el desierto por cuarenta años por haber desobedecido, necesitaba aprender a obedecer a Dios antes de tomar la Tierra Prometida. En Josué 1:7, Dios dice, "Sólo te pido que tengas mucho valor y firmeza para obedecer toda la ley que mi siervo Moisés te mandó. No te apartes de ella para nada; sólo así tendrás éxito dondequiera que vayas." Hablando espiritualmente, la obediencia es la línea más recta entre dos puntos. Si nosotros deseamos que nuestros hijos crezcan en carácter y en su caminata con el Señor, necesitamos enfatizar la obediencia.

Como director de una escuela, he visto que esta área de instrucción—el obedecer las autoridades—debe ser cultivada desde el tiempo que los niños entren al kínder. Niños que han sido entrenados a obedecer aprenderán mejor. Ellos aprenderán a escuchar a las instrucciones de sus maestros; aprendiendo a escuchar bien es un prerrequisito para ser un buen estudiante. Como Proverbios 18:13 dice, "Es necio y vergonzoso responder antes de escuchar."

Cuando yo era entrenador del equipo de baloncesto de Anna en el primer y segundo grado, yo les enseñaba como jugar defensa. Las entrené a voltear la cabeza de lado a lado para no perder la vista de la pelota mientras estaba en las manos de otra jugadora, mientras que al mismo tiempo no dejar de cubrir a su oponente. Al principio Anna pensaba que ella no podía hacerlo, pero ella obedeció. Bueno, durante un partido, Silvia y yo nos emocionamos al ver nuestra hija aplicar esta estrategia defensiva. ¡Anna si puso atención!

Los niños aprenderán sus lecciones más rápidamente cuando ellos le ponen atención a sus maestros. Rabina Judith y el Dr. Steven Abrams enfatizan este punto en su libro *La Crianza Judía*:

> Un buen estudiante...escucha bien, no interrumpe, piensa antes de dar una respuesta, no se desvía fuera del tema, responde a base de conocimientos generalmente aceptados, piensa de manera ordenada, y reconoce los límites de sus conocimientos. Un alumno mediocre, no escucha bien, interrumpe, contesta preguntas impulsivamente, no se enfoca, responde preguntas sin sentido, muestra pensamientos desorganizados, y no reconoce los límites de sus conocimientos (Abrams y Abrams, 186).

La habilidad que tienen los niños a escuchar y obedecer sus padres y maestros es un determinante de su éxito en el futuro, especialmente en la escuela.

Respetando a los Mayores

Levítico 19:32 dice, "Ponte de pie en presencia de los mayores. Respeta a los ancianos. Teme a tu Dios. Yo soy el Señor." Este versículo sugiere que el honrar a los ancianos es un acto de reverencia hacia Dios mismo.

El contenido de la instrucción para nuestros hijos debe incluir formas de respetar a la gente mayor. Nosotros podemos enseñar a nuestros hijos que se pongan de pie en la presencia de gente mayor; a usar títulos como señor, señora, y señorita junto con el apellido de la persona, y no su primer nombre; y a saludar con una sonrisa, haciendo contacto visual, y diciendo: "Buenos días, Sr. Greenberg." Al esperar por una mesa en un restaurante, nuestros hijos pueden aprender a honrar a los mayores al ofrecerles su asiento. Mientras nuestros hijos aprenden a honrar a los mayores con humildad, ellos están estableciendo la base para una vida de éxito y favor con los demás.

Distinguiendo entre una Necesidad y un Deseo

Filipenses 4:19 dicta, "Es más, mi Dios suplirá cada necesidad vuestra de acuerdo con sus gloriosas riquezas, juntamente con el Mesías Yeshúa." Nuestro Padre promete proveer para todas las necesidades de sus hijos, no necesariamente los deseos. Nosotros tenemos una responsabilidad de satisfacer las necesidades de nuestros hijos; sin embargo, proveyendo por todos sus deseos causaría deficiencias en su carácter.

Nuestros hijos deben saber la diferencia entre una necesidad y un deseo. Ellos quieren muchas cosas, incluyendo dulces mientras hacen cola en la caja. Mi esposa y yo estamos inculcándole a nuestros hijos a no rogar por cosas que quieren, pero permitir que sus padres los sorprendan con pequeños detalles de vez en cuando; les enseñamos a hacer peticiones apropiadas para cosas que necesiten.

Oportunidades para el Crecimiento

Los jóvenes necesitan oportunidades para crecer, ocasiones en las cuales ellos puedan practicar la obediencia. La formación del carácter toma parte dentro del contexto de las relaciones. Con la orientación adecuada, niños podrán aprender a trabajar en equipo y en sus habilidades interpersonales mientras juegan en equipos atléticos y participan en otras actividades de grupo.

Debemos formar el hábito de asignar tareas a nuestros hijos que refuerzan la ética del trabajo y de la responsabilidad. Mientras van creciendo, deben asumir trabajos, tal como rutas de periódicos, lo cual requieren que ellos respondan a una autoridad. Yo estoy muy agradecido que mi padre permitió que mis hermanos y yo tuviéramos rutas de periódicos como jóvenes. Si llegamos tarde a la jornada de la mañana por no despertarnos a tiempo, o si fallamos en nuestra ruta en alguna otra forma, mi padre no nos cubría la jornada. Nuestro padre dejó que nosotros tratáramos con nuestros jefes. Este hecho nos ayudó a desarrollar una buena ética de trabajo. Cada uno de nosotros tenía que tomar la responsabilidad de cumplir con nuestro trabajo de entregar los periódicos en buen tiempo. Como jóvenes, ganamos un buen entendimiento de lo que se requiere para ganar dinero.

Yo soy del pensamiento que los niños no deberían recibir dinero por cumplir trabajos o tareas que forman parte del mantenimiento del hogar, tal como tendiendo la cama, limpiando su propia habitación, lavando los platos, sacando la basura, o aspirando la sala. Pero, si aceptan trabajos adicionales, una recompensa monetaria pudiera ser ofrecida al cumplir con esta tarea. Ejemplos de esta pudieran ser sembrando flores, lavando el carro, o ayudando en trabajos de mejoramiento para el hogar. Responsabilidades y actividades tal como estas son una parte esencial de la instrucción porque ayudan a los niños crecer en cualidades de carácter piadoso a través de la experiencia, mientras están bajo la dirección de sus padres.

Como Ganarse la Vida

Mientras los niños van acercándose a la edad de adulto, ellos deben aprender a "ganarse la vida." "El padre debe…enseñarle a su hijo un oficio, porque si no lo hace, sería como que le estuviera enseñando como ser un ladrón, porque él tendrá que ganarse el dinero de alguna manera. Por lo tanto, el padre tiene la obligación de enseñarle a su hijo como ganarse la vida honestamente" (Abrams y Abrams, 209). Mi padre me ayudó a encontrar un trabajo productivo durante mis años en la escuela secundaria y en el colegio universitario. El me hizo saber que era necesario que yo pudiera pagar mis años en la universidad. También el me ayudó a buscar la carrera que fuera una buena opción para mí.

Eventualmente, yo encontré mi vocación en la enseñanza y en el discipulado de los jóvenes. Sin embargo, todavía necesitaba la dirección de mi padre, tal como lo necesitan bastantes jóvenes, para encontrar mi camino. Habrán momentos en que nuestros jóvenes necesiten escuchar una pequeña dosis de la verdad. Esto los ayudará a descubrir el llamado de Dios en sus vidas.

Capitulo 9

Estableciendo Límites

Nuestra sociedad defiende una cultura sin fronteras. En los medios de comunicación, actores y directores son elogiados por empujar los limites cuando se trata de la violencia, la sexualidad, y el habla. Sin embargo, como creyentes, Dios nos incita a caminar dentro de los límites bíblicos. Esto asegura que caminemos bajo su protección y bendición.

Los Límites Establecidos por Dios

El Señor trata los límites con seriedad. Proverbios 23:10–11dice, "No cambies de lugar los linderos antiguos, ni invadas la propiedad de los huérfanos, porque su Defensor es muy poderoso y contra ti defenderá su causa." Incluso los mares de esta tierra deben permanecer dentro de los límites que Dios les ha colocado (Salmos 104:5–9). Los límites que Dios ha formado han de ser tratadas con todo respeto.

Los límites han existido desde el principio de los tiempos. En el Jardín del Edén, Dios le dijo a Adán y Eva, "pueden comer de todos los árboles del jardín, pero del árbol del conocimiento del bien y del mal no deberás comer. El día que de él comas, ciertamente morirás" (Génesis 2:16–17). Adán y Eva tenían límites dentro de los cuales ellos tenían la libertad de trabajar y de comer. Tal y cuando ellos caminaban dentro de sus límites, ellos fueron bendecidos con todo lo bueno que el jardín ofrecía. Salmos 16:6

dice, "Bellos lugares me han tocado en suerte." Ese mismo salmo habla acerca de caminar en la seguridad del Señor, en su camino, y en su presencia. Los límites del Señor no fueron impuestos para hacer nuestras vidas miserables. Nosotros encontramos libertad dentro de nuestros límites.

Porque los Límites son Necesarios

Los niños necesitan límites y encuentran seguridad dentro de esos límites. Ellos aprenden que no es bueno que ellos salgan a la calle con carros que se acercan. Ellos aprenden a respetar el conocimiento de no cruzar la calle a cierto punto. Proverbios 29:15 dice, "La vara de la disciplina imparte sabiduría, pero el hijo malcriado [un niño sin límites] avergüenza a su madre."

Mi familia vive en una casa dentro de una pequeña colonia. Porque vehículos pasan por nuestra vecindad, nosotros pusimos límites para nuestros niños cuando ellos juegan. Por ejemplo, hasta una cierta edad, ellos no están autorizados a salir de cierto perímetro sin nuestro permiso. Cuando nuestro hijo, Nehemiah, estaba pequeño, nosotros le decíamos "quédate en la sección amarilla," un área al frente de nuestra casa que tenía poco tráfico. Nehemiah tenía que aprender a mantenerse dentro de esos límites para su propia seguridad. Aunque sus hermanos mayores podían jugar más allá de la sección amarilla, el tenía que mantenerse dentro de esos límites establecidos para su seguridad.

Un límite que debemos establecer es el tiempo. Es importante enseñar a los niños hacer buen uso de su tiempo. Efesios 5:15-16 dice, "Por lo tanto, prestad mucha atención a cómo vivís, haciéndolo sabiamente, no de manera desaconsejada. Usad vuestro tiempo bien, porque estos son días malos." Nosotros debemos ayudar a los niños tener una rutina en la mañana, incluyendo una rutina diaria para tener tiempo con el Señor leyendo las Escrituras y orando. También debemos establecer rutinas apropiadas para las tardes, incluyendo quehaceres domésticos y la tarea.

Debemos establecer patrones de sueño temprano en la vida de nuestros hijos. Cuando los bebés y niños pequeños tienen una rutina para las siestas y su hora de dormir, ellos son más seguros.

El descanso adecuado los ayuda a ser más placenteros también. Nosotros debemos de tratar que ellos no duerman en nuestra cama. Como director de escuela, me he dado cuenta que cuando este límite no es respetado, el niño tal como los esposos, son afectados. Los niños se despiertan cansados y los esposos pierden sueño y cualquier indicio de romance también.

Cuando se Trata de la Tarea

Al tratar con la tarea, es importante que nosotros ayudemos a desarrollar buenos hábitos de estudio en nuestros hijos. Nosotros debemos establecer una rutina diaria dedicada al estudio en una estación de estudio. Dependiendo de su nivel de madurez, nosotros necesitaremos monitorear este hábito. Pues claro, ciertos límites deben ser establecidos; la televisión, los juguetes, y otros aparatos deben estar fuera de límites durante este periodo de tiempo. También necesitamos establecer límites para el contenido y la cantidad de tiempo dedicada a la televisión. Mientras ellos van aprendiendo a caminar dentro de la libertad de los límites, los niños van a entender cuando es tiempo de jugar, ellos pueden jugar; y cuando es tiempo para estudiar, deben estudiar.

Los niños deben aprender a trabajar con regularidad en asignaciones de largo plazo y repasar periódicamente el material académico, un hábito que los preparará para los exámenes venideros. Mientras evitan la trampa de morosidad y en vez aprenden a disciplinar su tiempo, ellos se estarán preparando para los rigores académicos de la secundaria y la universidad.

Cuando consistentemente comunicamos y mantenemos límites, nosotros le estamos brindando a nuestros hijos un lugar seguro. Como Proverbios 14:26-27 dice, "El temor del Señor en un baluarte seguro que sirve de refugio a los hijos. El temor del Señor es fuente de vida, y aleja al hombre de las redes de la muerte." Aunque de vez en cuando nuestros pequeños prueben los límites, ellos aprenderán a confiar en nosotros. Ellos encontrarán un refugio mientras aprenden a caminar dentro de la sabiduría de los límites del Señor.

Nuestros hijos deben saber que tenemos convicciones morales. Ellos nos apreciarán y respetarán por lo que creemos ser correcto y moral. Si somos consistentes con los límites basados en la Palabra de Dios, ellos aprenderán a confiar en el Señor.

La Responsabilidad

Para que los límites sean respetados, debemos proveer responsabilidad. Los niños necesitan ser responsables por los estándares que establecemos. Por cualquier límite que hemos fijado, debemos corregir consistentemente a nuestros hijos cuando se cruza.

El pecado es como una flecha que falla darle al blanco. Cuando caemos fuera de los límites Dios nos ha establecido, no le damos al blanco. Salmos 19:12-13comparte diferentes niveles (como círculos concéntricos cada vez más grandes alrededor del blanco de un arquero) de cruzar los límites en nuestras vidas:

> ¿Quién está consciente de sus propios errores?
>
> ¡Perdóname aquellos de los que no estoy consciente!
>
> Libra, además, a tu ciervo de pecar a sabiendas;
>
> No permitas que tales pecados me dominen.
>
> Así estaré libre de culpa
>
> y de multiplicar mis pecados.

Los Pecados No-Intencionales

Todos nosotros cometemos pecados no-intencionales. Es por eso que es importante permitir que nuestras parejas y nuestros padres nos corrijan. Tal como nosotros permitimos que un editor nos ayude a encontrar errores de ortografía y gramática en una redacción, también debemos permitir a la gente de influencia en nuestra vida que nos ayuden a reconocer nuestros errores. Como padres, debemos señalar los pecados no-intencionales en nuestros hijos para que ellos puedan crecer en devoción.

Las Faltas Ocultas

Faltas ocultas son como puntos ciegos cuando manejamos un carro. Los padres deben ayudar a sus hijos a que vean debilidades en su carácter para que estas puedan ser dirigidas. A muchos les gusta mantener faltas ocultas tal y como están — ocultas; en particular los niños. Si ellos escogen continuar con estos errores, entonces dejamos de calificarlas como "faltas ocultas", y ahora son "pecados presuntuosos".

Los Pecados Presuntuosos

Es difícil distinguir entre una falta oculta y un pecado presuntuoso. Los niños deben rendir cuentas por cometer pecados presuntuosos, aquello pecados los cuales ellos saben que son malos. Si ellos cometen pecados intencionales, entonces el pecado se convierte en su amo. El pecado los controlará. Si nosotros permitimos que vivan una vida con pecado, ellos estarán en peligro de cometer pecados más grandes.

1 Corintios 5:6–7 dice, "¿Es que no conocéis el dicho: 'solo hace falta un poco de *chametz* (levadura) para que se fermente toda la levadura'? Deshaceos de la antigua *chametz* para que podáis ser una nueva hornada de masa." Los niños deben rendir cuentas por sus "pequeños" pecados. Si permitimos un "pequeño" pecado, entonces ese pecado se hará más y más grande. Después de un tiempo, el pecado será su amo. Pero si somos diligentes para corregir los "pequeños" pecados con amor y con fe, estaremos ayudando a nuestros hijos caminar dentro de límites piadosos.

Cuando nuestros hijos se establecen en paz dentro de sus límites, esto nos ayuda a ayudarles. Nosotros les podemos hacer saber que las bendiciones abundan para aquellos que siguen el camino de Dios, lo cual incluye la vida en abundancia, dirección, libertad, seguridad, y la sabiduría para vivir (Salmos 119:35, 105, 110, 165).

Capitulo 10

Técnicas para Instruir a Nuestros Hijos

"Instruye al niño en el camino correcto, y aun en su vejez no lo abandonará" (Proverbios 22:6) es una Escritura que nosotros, como creyentes, a menudo compartimos con la noción que eventualmente nuestros hijos regresaran al Señor. Sin embargo, para que este versículo cumpla con lo que Dios mandó, debemos instruir activamente a nuestros hijos. El diccionario Webster provee el siguiente significado para la palabra "entrenar": "Ejercitar, disciplinar; enseñar y formar con práctica."

Cuando nuestra hija tenía tres años de edad, mi esposa tuvo una conversación interesante con ella. Después de recostar a Anna en la cama, ella empezó a llorar. Silvia entró al cuarto y la sostuvo por un rato. Ella luego preguntó, "¿Mami, me vas a comprar flores cuando me case?"

"Por supuesto, te compraremos las flores mas lindas del mundo," le contestó su mamá.

"¿Y luego, qué hago?"

"Caminarás hacia el altar y te casarás con tu esposo," respondió su mamá.

"¿Y después puedo tener hijos?"

Por supuesto mi esposa contestó, "Si."

Anna estuvo muy emocionada por haber hecho este descubrimiento.

Silvia continuó, "Pero primero, tienes que ir a la escuela, la secundaria, la universidad, trabajar un poquito, y después puedes casarte."

Anna concurrió y preguntó, "¿Pero con quien me voy a casar? Yo me quiero casar con papi. Quiero que él sea mi esposo." Mi esposa siguió con explicarle que Papi era el esposo de Mami, pero Dios le mostrará a Anna con quien ella se debe casar en el momento propicio.

Los niños harán preguntas acerca de la vida. Cuando las oportunidades se presenten, debemos estar preparados de guiarlos en la dirección adecuada. La instrucción ocurre durante tiempos de conflicto y en tiempos de harmonía. Nosotros necesitamos buscar estas oportunidades.

No debemos esperar que nuestros hijos de edad pre-escolar decidan el camino que deben tomar. En vez, debemos colocar a nuestros hijos en el camino del Señor, el camino que conduce a la vida. En otras palabras, debemos dirigir a nuestros hijos que tomen el camino estrecho. La formación de nuestros niños es una tarea de a diario, un trabajo activo y continuo que debemos seguir hasta que nuestros hijos practiquen los estándares del Señor con consistencia.

Efesios 6:4 dice, "Padres, no irritéis a vuestros hijos ni hagáis que estén resentidos, en lugar de ello, criadlos con la clase de disciplina y guía del Señor." Fíjense bien la secuencia de ese versículo. La crianza de nuestros hijos implica tanto la formación como la instrucción. Es necesaria una formación adecuada para que podamos lograr una verdadera instrucción.

Proverbios 29:15 nos advierte, "La vara de la disciplina imparte sabiduría, pero el hijo malcriado avergüenza a su madre." Elí sufrió las consecuencias de no poder controlar a sus hijos: "Ya le dije que por la maldad de sus hijos he condenado a su familia para siempre; él sabía que estaban blasfemando contra Dios, y, sin embargo, no los refrenó" (1 Samuel 3:13).

Primeramente, como padres, debemos de ser capaces de controlar a nuestros hijos a través de la formación antes de poder instruirlos.

Elí fue juzgado porque él no pudo controlar a sus hijos. Nosotros seremos juzgados si no somos capaces de contener a nuestros hijos también. Esto incluye contenerlos físicamente, especialmente a los más pequeños. Cuando mi hija tenía dos años de edad, mi esposa y yo estuvimos avergonzados mientras comíamos en un restaurante con nuestra familia. Anna lanzó una rabieta y pasamos un tiempo pésimo con ella. Nos dimos cuenta que tuvimos que controlar a Anna físicamente abrazándola sin permitir que ella tenga arrebatos emocionales. Obviamente, nunca debemos abusar físicamente de nuestros hijos; sin embargo, debemos de actuar con moderación física legítima para exigir que nuestros hijos aprendan a resistir su naturaleza pecaminosa y para que cumplan con nuestras instrucciones.

Cuando tengamos el control apropiado de nuestros hijos a través de la formación, ya podemos instruirlos. Dios nos incita a enseñarles a nuestros hijos el camino correcto. Esta instrucción va en contra de muchas filosofías modernas de la crianza, en la cual dicen que padres deben permitirle a sus hijos–aún a los más pequeños–a encontrar su propio camino. Por lo contrario, hay que influir activamente a nuestros hijos en el camino de Dios. Tres técnicas que Dios nos provee son la repetición, las metáforas, y extrayendo el conocimiento.

La Repetición

Un método clave de la formación es la repetición: "Enséñenselas a sus hijos y repítanselas cuando estén en su casa y cuando anden por el camino, cuando se acuesten y cuando se levanten" (Deuteronomio. 11:19). Como el pasaje indica, nosotros debemos usar cada oportunidad que se nos brinda para enseñar la Palabra de Dios a nuestros hijos. Esto debe incluir la memorización de pasajes de la Escritura. Las mentes de nuestros hijos se ponen más agudas a través de la meditación regular de la Palabra de Dios. Es más, su carácter se fortalecerá: "En mi corazón atesoro tus dichos para no pecar contra ti" (Salmos 119:11).

Memorizando versículos tal como 1 Corintios 10:13 proveen a nuestros niños con la fortaleza en tiempos de tentación: "Nos os habéis enfrentado con una tentación superior a lo que la gente normalmente experimenta y podemos confiar en Dios que no permitirá que seamos tentados más de lo que podemos soportar. Todo lo contrario, juntamente con la tentación proveerá la escapatoria para que podamos resistir." La memorización y meditación de las Escrituras fortalecerá la mente y los corazones de nuestros hijos.

Las Metáforas

La Palabra de Dios utiliza el uso de metáforas y señales para instruir a nuestros hijos. ¡El Señor sabía acerca de los diferentes métodos del aprendizaje (visual, auditivo, y kinestético) antes que cualquiera de nosotros! El hizo uso exhaustivo de la metáfora con el fin de enseñar a los niños de Israel. Noten lo que le dijo a Josué:

> Cuando todo el pueblo terminó de cruzar el río Jordán, el Señor le dijo a Josué: "Elijan a un hombre de cada una de las doce tribus de Israel, y ordénenles que tomen doce piedras del cauce, exactamente del lugar donde los sacerdotes permanecieron de pie. Díganles que las coloquen en el lugar donde hoy pasarán la noche." Entonces Josué reunió a los doce hombres que había escogido de las doce tribus, y les dijo: "Vayan al centro del cauce del río, hasta donde está el arca del Señor su Dios, y cada uno cargue al hombro una piedra. Serán doce piedras, una por cada tribu de Israel, y servirán como señal entre ustedes. *En el futuro, cuando sus hijos les pregunten: '¿Por qué están estas piedras aquí?', ustedes les responderán: "El día en que el arca del pacto del Señor cruzó el Jordán, las aguas del rio se dividieron frente a ella. Para nosotros los israelitas, estas piedras que están aquí son un recuerdo permanente de aquella gran hazaña.*" (Josué 4:1–7, cursivas añadidas)

El Señor sabía que cuando los israelitas fuesen a ver el monumento, ellos harían preguntas. Algo era diferente y los niños querrán saber el por qué. Por lo tanto, Dios pudo garantizar que los israelitas conocieran la historia de su nación. Metáforas pueden ser utilizadas con nuestros niños también. Solo hay que usar nuestra creatividad para formar nuestras ideas.

Extrayendo el Conocimiento

El Señor quiere que "extraigamos" el conocimiento de los corazones de nuestros hijos. En los círculos educativos, teoristas y practicantes debaten acerca de los niños y si ellos simplemente son como una taza lista para ser llenada con información impartida por el maestro, o si el estudiante es como un músculo ejercitado para ser mas y mas eficaz. Ambas perspectivas son requeridas para instruir a los niños.

Nosotros podemos aplicar Proverbios 20:5 en nuestro llamado como padres: "Los pensamientos humanos son aguas profundas; el que es inteligente los capta fácilmente." En ciertos casos, nosotros debemos enseñarle a nuestros hijos la forma exacta de hacer las cosas; en otros casos debemos extraer el conocimiento de nuestros hijos al guiar la conversación y así los ayudamos a procesar la situación. Como adolescente y joven, yo solía salir a desayunar con mi padre. El pasaba el tiempo conmigo para poder extraer los propósitos profundos de mi corazón: mis luchas, mis dudas, mis deseos, y ultimadamente, mi propósito en la vida.

No hay tal cosa como una solución rápida para poder instruir a nuestros hijos en el Señor; el discipulado toma años y años. Sin embargo, cuanto antes empecemos a exigir que nuestros hijos rindan cuentas a las normas del Señor, y nosotros caminemos con ellos en ese mismo camino, nuestra tarea será más fácil y exitosa. Recuerden que la formación de nuestros hijos es una tarea de a diario. ¡Este trabajo no es fácil pero es uno que vale la pena!

Capitulo 11

Pasos en la Formación

En su libro *Lo que Dice la Biblia Acerca de… la Instrucción de los Hijos*, J. Richard Fugate recomienda cuatro pasos que padres deben tomar para instruir a sus hijos: el establecer las normas, la reprensión, el perdonar después de la confesión, y la sanción (204-205). Yo personalmente he encontrado que la aplicación consistente y correcta de estas medidas es necesaria para lograr a tener el efecto deseado.

Estableciendo las Normas

Romanos 4:15 dice, "Donde no hay ley tampoco existe violación." No podemos esperar que nuestros hijos sepan qué hacer si nunca le decimos que hacer. No pueden responsabilizarse por un mal hecho si no le hemos dicho que tal acción es una transgresión. Primero, debemos establecer las normas con nuestros hijos. Dios nos llama a establecer normas que vayan de acuerdo con las Escrituras.

En algunos casos, nosotros debemos advertirle a nuestros hijos de la pena por violar la norma. Los niños deben ser capaces de decir la norma y la pena que corresponde en sus propias palabras. De esta manera sabremos que ellos han escuchado y entendido la norma.

La Reprensión

El segundo paso en la formación de nuestros hijos es la reprensión cuando ellos no siguen con la norma establecida. Efesios 5:13–14 expresa el propósito de la reprensión: "Pero todo lo expuesto a la luz se pondrá claramente de manifiesto como lo que son, puesto que cualquier cosa revelada es una luz ." Una reprimenda es diseñada para traer el delito a la luz. La reprimenda llama el pecado lo que es — un pecado.

Debemos comunicar la reprensión para que el niño entienda lo que ha hecho mal. A veces el niño intentará engañarse a si mismo pensando que lo que hizo no fue realmente malo. Nosotros debemos establecer en su mente y corazón que él es culpable de haber hecho mal.

Pregúntele a su hijo, ¿Qué hiciste?" para darle la oportunidad de dar una confesión. Es importante evitar la pregunta, "¿Por qué hiciste eso?" Nosotros no debemos buscar excusas por el mal que han hecho nuestros hijos (Fugate, 264). Éxodo 32:21–24 habla de cómo Moisés le pide a Aarón una explicación por sus acciones, y Aarón intentó transferir la culpabilidad de su pecado hacia otros. Como forma de evitar conflicto y para no tener que castigar a nuestros hijos, nosotros como padres frecuentemente tratamos de justificar el pecado que nuestros hijos cometen. Dios nos incita a ser diferentes. Debemos de no justificar las acciones de nuestros hijos cuando no le "dan al blanco". En vez, usemos cada oportunidad para entrenarlos en las formas del Señor. Ellos deben aprender a asumir la responsabilidad por sus acciones y sin echarle la culpa a los demás. Más bien, ellos deben ser instruidos a confesar su pecado, lo cual conduce al tercer paso.

El Perdón Después de la Confesión

Una vez que su hijo haya tomado la responsabilidad por su pecado al reconocer su mala acción, así como su culpa, usted se lo debe perdonar rápidamente. Levítico 26:40 habla de los israelitas y la confesión de sus pecados, y luego Levítico 26:41 describe el pago por el pecado. Estos versículos ilustran el principio de cómo la confesión del pecado precede el castigo:

> Si un niño está de acuerdo con sus padres cuando le declaran un mal, él no tendrá que enfrentar la presión física del castigo para hacerle enfrentar su culpabilidad.

> Solo necesita decir, "Sí, me equivoqué", o "Fue mi culpa". No es nuestro cargo como padres comprobar que nuestros hijos están realmente arrepentidos. Como padres, debemos aceptar con una actitud apropiada la admisión de culpabilidad de nuestros hijos. (Fugate, 273)

Cuando nuestro hijo se haya confesado, tenemos que perdonarlo incondicionalmente. Con la confesión, su corazón estará listo para recibir una sanción.

La Sanción

Regularmente, la sanción es administrada después de la confesión y el perdón. Así es como Dios trata con nosotros. Números 14:17–23 nos habla del perdón de Dios después de la rebelión de su pueblo, pero aun los castiga por su desobediencia. Salmos 99:8 declara, "Señor y Dios nuestro, tú les respondiste; fuiste para ellos un Dios perdonador, aun cuando castigaste sus rebeliones." Después de confesar su culpabilidad, el Rey David tuvo que pagar por su pecado al haber matado a Urías para apoderarse de su esposa Betsabé (2 Samuel 12:9–22; 13:28; 18:14-15).

Nuestra administración del castigo debe ser objetiva. Debe ser una manera simple de restitución. El castigo debe concurrir con el pecado. Si su hijo usa los crayones para dibujar en la pared de la cocina, usted debe pedir que su hijo limpie la pared y luego no debe dejar que el use los crayones por debido tiempo. Usted puede ser creativo con sus sanciones. Personalmente, me gusta dar despechadas. Dependiendo de la ofensa, les doy cinco a veinticinco despechadas. (Al mismo tiempo desarrollan su fuerza en la parte superior de su cuerpo.)

Se pueden usar diferentes tipos de sanciones que coincidan con el pecado. Por ejemplo, si nuestros hijos no regresan a casa a tiempo por estar en la casa del vecino, entonces pierden el privilegio de poder visitar su vecino por una semana. Si no mantienen su dormitorio en orden, talvés sería adecuado asignarle la tarea de pasar la aspiradora por la casa unas veces más esa semana. Si, por ser descuidados, dañan la propiedad de otro, pueden hacer trabajos adicionales hasta poder ahorrar suficiente dinero para pagar los daños. Y cuando se trata de abusar físicamente de otros, la sanción es el castigo corporal, lo cual se analizará con más detalle en un capitulo posterior. Los niños aprenden al recibir un castigo que sea equivalente a la pena que hayan cometido, lo cual comunica que lo que hayan cometido no es correcto.

Finalmente, nosotros debemos administrar una pena sin parcialidad: "No sean parciales en el juicio; consideren de igual manera la causa de los débiles y la de los poderosos. No se dejen intimidar por nadie, porque el juicio es de Dios". (Deuteronomio 1:17)

Usted debe darle seguimiento a los estándares después de haberlos establecido con su hijo. No es hasta cuando su hijo acepte que no se trata de lo que él quiere pero lo que usted exija de él, que él encontrará seguridad dentro de su disciplina consistente y amorosa.

Resistiendo la Tentación de Ser Indulgente

Cuando administramos un castigo, debemos resistir la tentación de ser indulgente por "dar gracia". Es mejor para el carácter de nuestros hijos que ellos paguen el precio por haber hecho algo malo. Siendo consistentes con una sanción que refleje el pecado ayudará a nuestros hijos a comprender que el pecado no viene sin castigo. Mientras van creciendo, tomarán con seriedad el hecho que el Mesías pagó la pena máxima por nuestro pecado. "Porque lo que la persona tiene como ganancia del pecado es la muerte, pero la vida eterna es lo que uno recibe como un don gratuito de Dios, en unión con el Mesías Yeshúa, nuestro Señor" (Romanos 6:23).

Debemos evitar instruir hábitos incorrectos en nuestros hijos. A menudo los padres le enseñan a sus hijos que no deben obedecer la primera vez que las instrucciones son recibidas, o aun peor—solo deben obedecer después de ser amenazados. Para evitar conflicto, padres dejan que sus hijos den excusas para justificar su comportamiento y los liberan de su responsabilidad por haber hecho mal.

Para poder ilustrar este proceso de que los niños deben responsabilizarse por sus acciones, nuestra familia ha establecido un estándar en el tema de mentir. Nuestros hijos saben que es malo que ellos mientan. Si nuestro hijo fuese a mentirnos acerca de haber limpiado su habitación, nosotros lo regañaríamos por habernos mentido. Llevaremos a la luz el pecado y nos aseguraríamos que nuestro hijo entendiera que lo que hizo estaba mal. Después, exigimos que nuestro hijo diga, "Cometí un error por haber mentido. ¿Me perdonan?" Luego de perdonar a nuestro hijo, decidiremos una consecuencia apropiada por su pecado. Terminamos con la disciplina con un abrazo y la promesa de nuestro amor por él.

Dios nos llama a establecer normas claras para nuestros hijos, reprenderlos con el fin de traer el pecado a la luz, perdonarlos después de la confesión del mal cometido, y proporcionar una pena justa que corresponda con su pecado. Si somos consistentes al seguir esta orden de disciplina, podemos tener la confianza que estamos formando a nuestros hijos según la Palabra de Dios. Si aplicamos límites positivos con valentía y coherencia, lograremos cosechar la recompensa de una buena relación con nuestros hijos, la cual se extenderá hasta su edad adulta.

Capitulo 12

Tratando con la Rebelión

Josué 22:16 dice, "Toda la asamblea del Señor quisiera saber por qué se han rebelado contra el Dios de Israel como lo han hecho. ¿Por qué le han dado la espalda al Señor y se han rebelado contra él, construyéndose un altar?" Como indica este pasaje, la rebelión es un acto en la cual uno le da la espalda a la autoridad instituida por Dios. En efecto, cuando nuestros hijos resisten nuestra autoridad, ellos están en rebelión. La rebelión se refiere a la voluntad del niño. ¿Será que el niño se someterá a sus padres voluntariamente, o ejercerá su propia voluntad sobre la de sus padres?

La rebelión puede ser expresada abiertamente o puede ser encubierta. Los niños pueden negarse a escuchar las instrucciones de sus padres. Ellos también pueden expresar rebelión a través de rabietas y al negarse tercamente a obedecer. Pueden retirarse en desafío de nuestra autoridad. Puede que también nuestros hijos no vayan a aceptar corrección y obstinadamente argumenten que lo que ocurrió no fue su culpa. Nunca deberíamos tolerar estas expresiones de rebeldía.

Anna nació con una voluntad muy fuerte. Desde temprana edad, ella ejercía su voluntad de manera rebelde y arrojaba algunas rabietas muy desagradables. Silvia y yo comprendíamos que necesitábamos trabajar duro para poder ganar las batallas con Anna. Esto significaba que teníamos que restringir sus rabietas.

Por una temporada, nos dimos cuenta que era un momento crítico para establecer nuestro control por su propio bien. Este proceso requería consistencia y mucho trabajo. Hoy, Anna, sigue siendo muy voluntariosa, pero ha aprendido a controlar su voluntad y obedecer a sus padres.

La Rebelión Pasiva

De vez en cuando los niños expresarán rebelión pasiva. Aunque se expresa de forma diferente, la rebelión pasiva es tan grave como la rebelión abierta. El niño puede cumplir externamente con lo que se le ha pedido, sin embargo, el resentimiento se ha acumulado dentro del niño. En 1 Samuel, cuando Saul no obedeció completamente al Señor, Samuel lo reprendió. Saul siguió explicando como el si obedeció a el Señor, justificando sus acciones. Sin embargo, Samuel le contestó con lo siguiente:

> ¿Qué le agrada más al Señor: que se le ofrezcan holocaustos y sacrificios, o que se obedezca lo que él dice? El obedecer vale más que el sacrificio, y el prestar atención, más que la grasa de carneros. La rebeldía es tan grave como la adivinación, y la arrogancia, como el pecado de la idolatría. Y como tú has rechazado la palabra del Señor, el te ha rechazado como rey. (1 Samuel 15:22–23)

La rebelión pasiva se expresa cuando un niño obedece parcialmente o en sus propios términos. Podrá que el haga lo que se le haya pedido de manera diferente que le hayan pedido sus padres. Puede parecer que él está obedeciendo, escuchando con cuidado las instrucciones de sus padres, pero por dentro él sabe que va hacer las cosas de su propia manera. En esta situación, el niño aparenta tener un nivel de obediencia; sin embargo, debajo de todo, el niño está escogiendo no obedecer por completo. La rebelión pasiva comienza con una "actitud mental escondida" y eventualmente se expresa a través de "expresiones faciales de disgusto, falta de respeto, o enojo" (Fugate, 144).

Mi hijo, Caleb, que por naturaleza es un niño muy obediente, ha luchado con una actitud de queja. Aunque su actitud no fue expresada como rebelión abierta, Silvia y yo tuvimos que sentarnos con Caleb para compartir con el que vamos a exigirle que el rinda cuentas por su actitud.

Todo niño tiene sus propios problemas de carácter. Con unos niños, los problemas son obvios; con otros, los problemas son más ocultos. Como padres no deberíamos pensar que nuestros hijos son perfectos mientras que es el otro niño el de los problemas. Es muy importante enfrentar las formas más pasivas de desobediencia, aun cuando nuestros hijos parecen ser muy obedientes.

Unos niños no discutirán o tirarán rabietas. En lugar, ellos harán caras tristes y se irán caminando como que heridos. Este tipo de rebelión pasiva debe ser dirigida francamente. Es bastante crítico que traigamos cualquier área de desobediencia ante la luz y que nuestros hijos se responsabilicen por su rebelión, aun cuando pensemos que podemos soportar este tipo de comportamiento. Sin importar que forma tome, la rebelión es rebelión. No podemos esperar que la rebelión sola desaparesca. La rebelión debe ser dirigida y corregida, y lo más temprano posible.

A veces nosotros como padres no queremos enfrentar la rebelión de nuestros hijos. Tememos que, como resultado, nuestros hijos se rebelarán aun más. No querrán enfrentar el conflicto. Es entonces que padres usan las amenazas: "Si no limpias tu habitación, no voy a comprarte esa muñeca que tanto quieres." También usamos el soborno para lograr que ellos hagan lo que queremos: "Si te portas bien en la tienda, te daré un chocolate después." También como padres a veces distraemos a nuestros hijos para evitar que hagan mal. Estos son los enfoques equivocados.

Adicionalmente, no debemos razonar con nuestros hijos. Mientras que debemos proveer principios bíblicos fáciles de entender, no deberíamos pasar tanto tiempo explicando a nuestros hijos todas las razones por lo que queremos que hagan algo. También, cuando le pedimos a nuestros hijos que hagan algo, y ellos preguntan "¿Por qué?" con una actitud obstinada, no debemos distraernos de exigir su obediencia.

La Sanción Utilizada Para la Rebelión

La única forma de controlar la rebelión es usando el castigo corporal. "El castigo corporal...se refiere al uso de una varilla para infligir dolor suficiente para corregir la rebelión de un niño o de restringir a la desobediencia intencional de un niño" (Fugate 291). Proverbios 13:24 dice: "No corregir al hijo es no quererlo; amarlo es disciplinarlo." Cuando el niño está en rebelión, el se encuentra fuera de la manta de protección de sus padres. Castigando al niño, cuando está en esta posición insegura, es un acto de amor.

Otras Escrituras expresan la necesidad del castigo:

> La necedad es parte del corazón juvenil, pero la vara de la disciplina la corrige. (Proverbios 22:15)

> No dejes de disciplinar al joven, que de unos cuantos azotes no se morirá. Dale unos buenos azotes, y así lo librarás del sepulcro. (Proverbios 23:13–14)

> La vara de la disciplina imparte sabiduría, pero el hijo malcriado avergüenza a su madre. (Proverbios 29:15)

> ¡En cuanto a mí, reprendo y disciplino a todos los que amo, de modo que esforzaos y dejad vuestros pecados! (Revelación 3:19)

Nunca debemos bofetear a nuestros hijos, empujarlos, o abusar físicamente de ellos. Más bien, debemos usar una varilla, un objeto neutro, nunca nuestras manos.

Principalmente, el castigo corporal debe ser utilizado cuando los niños desafían la autoridad. Debemos tener buen juicio cuando se trata de la cantidad utilizada para no lastimar a nuestros hijos. Antes de castigarlos, debemos asegurarnos que no estamos enojados. Nosotros mismos debemos practicar el autocontrol y tener una actitud tranquila. El castigo requiere de sabiduría y control. No debemos usar la varilla como "castigo" a no ser que nuestro hijo hay abusado de otro niño físicamente.

Distinguiendo Entre el Castigo y el Castigo Corporal

El castigo corporal es utilizado para controlar la rebelión de un niño, el rechazo voluntario de la autoridad. Por otra parte, el castigo es utilizado para administrar justicia, para establecer una pena por haber quebrado una norma. Levítico 24:17–22 expresa el principio de cuando ocurre una transgresión, restitución justa debe involucrar una sanción que corresponda.

Debemos usar nuestro sentido común para establecer sanciones justas. El uso de la varilla no será apropiado para la mayoría de ofensas. El castigo corporal solo debe ser utilizado como una fuerza legítima para traer un niño rebelde a la sumisión.

Nosotros como padres debemos estar dispuestos a usar la varilla. La varilla es un instrumento bíblicamente sancionado para traer un niño rebelde bajo control. No debemos usar nuestra mano, cinturón, o ningún otro objeto para tratar con la rebelión. Cuando nuestros hijos se rebelan, con mucho valor y amor debemos aplicar el uso de la varilla por el bien del carácter de nuestros hijos.

El Fruto de la Sanción

Hebreos 12:11 dice, "Toda disciplina, cuando se aplica, parece efectivamente dolorosa, no algo que disfrutamos, pero para aquellos que han sido entrenados por ella, después produce su fruto pacifico, que es justicia." Con frecuencia los padres, evitan disciplinar sus hijos con el castigo. Los padres no quieren que su hijo pase por cualquier tipo de dolor. Sin embargo, Dios nos llama a ver el bien de nuestros hijos a largo plazo. Al recibir esta formación en forma consistente, ellos serán guiados hacia el camino de justicia y paz. En última instancia, ellos estarán agradecidos con nosotros por el amor que expresamos hacia ellos a través de nuestra disciplina fiel.

Una vez, cuando tuvimos unos invitados a cenar, tuve que disciplinar a mi hija. Un invitado, que en ese tiempo no tenía hijos, estaba sorprendido que después de llamarle la atención a mi hija, ella regreso a la mesa feliz como "que si nada había ocurrido." "Sí funciona," el comentó. En efecto, el método que Dios utiliza para tratar con la rebelión funciona; ayuda a los niños huir de la miseria de las malas actitudes y en su lugar caminan en paz, gozo, y justicia.

Capitulo 13

La Comunicación Relacional

Es muy importante que nosotros nos comuniquemos en formas que sean placenteras para el Señor mientras enseñamos a nuestros hijos. Cuando nuestros hijos entran en la tentación de tener miedo o preocupaciones, con frecuencia les decimos, "Piensa en Jesús!" Un Día de La Madre, mientras Silvia todavía estaba en la cama, nuestros hijos mayores entraron al dormitorio y le llevaron regalos hechos a mano para su día especial. Cuando nuestro hijo de tres años, Nehemiah, vio que esto pasaba, el también quería ser parte de esta expresión de amor hacia mi esposa. Entonces Nehemiah caminó hacia su dormitorio y buscó varios regalos; de hecho el regreso con una buena cantidad de sus juguetes preciados, los cuales Silvia amablemente aceptó. Deseando que Nehemiah se llevara algunos de sus juguetes de regreso a su dormitorio, ella le dijo que tanto juguete encaramado cerca de la cama pudiera lastimarla al tratar de caminar alrededor de ellos. Nehemiah contestó con una respuesta ideal para tranquilizar la preocupación de mi esposa. El dijo, "¡Solo piensa en Jesús!" Silvia y yo estuvimos llenos de alegría: ¡Nehemiah había escuchado la voz de su papá! Nuestra comunicación había atravesado su corazón y su mente.

Comunicándonos con Cariño

Nuestro reto es poder comunicarnos de tal manera que pueda entrar a las mentes y a los corazones de nuestros hijos, ya sea que tengan tres o quince años de edad. Estoy agradecido por mis padres y la forma en que practicaban la comunicación con mis hermanos y yo cuando éramos jóvenes. Con mucha paciencia, ellos se comunicaban de manera agradable al Señor, ellos no reaccionaban a nosotros ni se ponían estupefactos por las cosas que hacíamos. Al hacer esto, ellos mantenían abiertas las avenidas de comunicación.

A veces eso significaba que mi madre simplemente se comunicaba con Dios cuando uno de nosotros estaba pasando por una prueba o estábamos inseguros acerca de un tema moral en nuestras vidas. Ella entraba a nuestra habitación en la noche, se ponía de rodillas a la par de nuestra cama, y oraba. Ella expresaba su cariño al interceder por nosotros, y muchas veces lo hacía sin que nosotros estubieramos enterados, cuando estábamos en lugares críticos de nuestras vidas.

En otras ocasiones, mi padre entraba a nuestra habitación y hablaba con cada uno de nosotros a solas cuando él sabía claramente que estábamos tratando con un dolor personal o pasando por una prueba. Talvés nosotros mostrábamos un espíritu cerrado al no platicar tanto con nuestros padres; pero nuestro padre pacientemente nos hacía preguntas. Cuando no compartíamos nuestros pensamientos mucho, el perseveraba, y sin darse por vencido, el seguía hasta que empezábamos a comunicar lo que estaba en nuestro corazón. El tenía mucho cuidado a no reaccionar, o ponerse defensivo, cuando comunicábamos algo crítico de él o de nuestra madre. En lugar, él hacía buen uso de su habilidad para escuchar, nos ayudaba a comunicar lo que teníamos que compartir, y nos ayudaba a llegar a una resolución piadosa. El no toleraba malas actitudes, pero nos ayudaba de forma apropiada lo cual nos ayudaba a tomar un punto de vista que honraba al Señor.

Revelación 3:20 dice, "He aquí estoy llamando a la puerta. Si alguien oye mi voz y abre la puerta, entrare a él y comeré con él y él conmigo." Nosotros debemos imitar a Yeshúa en este sentido, mientras tratamos con las áreas sensibles de las vidas de nuestros hijos. La imagen de Dios tocando frente a nuestra puerta, esperando pacientemente a ser invitado a la vida de una persona, es una imagen muy poderosa. Muchas veces tendremos que esperar con paciencia hasta que nuestro hijo abra la puerta y nos invite a entrar a su vida.

Después que nuestro hijo nos invite y nosotros lo hemos escuchado, entonces nosotros podremos proveer instrucción en los principios bíblicos, particularmente con los adolescentes. Nosotros podremos compartir con ellos las razones por las reglas que ellos han aprendido, y las razones por las cuales hay que caminar de manera piadosa. Nosotros podremos ayudarles a apreciar las bendiciones de Dios.

Cumpliendo con Nuestra Palabra

Al formar nuestra relación de confianza con nuestros hijos, ellos deben saber que nuestra palabra vale por algo; manteniendo nuestra palabra construye confianza. Una anécdota acerca de Silvia refuerza este principio. Durante una tormenta de invierno, mi esposa le prometió a nuestros hijos que ella iría en trineo con ellos. Silvia no es muy entusiasta cuando se trata de actividades en la nieve, y hubiera estado muy feliz si nuestros hijos se hubieran olvidado de lo que ella les había prometido. Pero ella se dio cuenta que ella tenía que seguir adelante con su promesa e ir afuera en la nieve con todos nosotros (y si le gustó bajar la colina en trineo).

A través de los años he estado muy consciente que cuando le digo a mis hijos que voy hacer algo, es imperativo que yo mantenga mi palabra. Si mi comunicación ha de significar algo para ellos, yo debo tener su confianza para que ellos puedan depender en lo que yo les diga. Telushkin enfatiza este punto:

> Si un padre le promete un regalo a su hijo y no se lo da, o dice que van a salir de paseo pero después lo cancela, el niño inicialmente responderá con decepción...si promesas incumplidas ocurren frecuentemente, él o ella eventualmente concluirá que así es como son las cosas, que aun cuando le aseguramos a alguien que vamos hacer algo por ellos, no hay necesidad de seguir adelante con su palabra (Telushkin 415).

Fomentando el Amor a través de la Comunicación

Hay tres formas de comunicar una relación con amor para nuestros niños cada día. Primero, a través del "contacto físico". Cada uno de nuestros niños debería sentir amor a través de abrazos a diario. Nunca podremos compartir demasiados abrazos y besos con ellos. Ya sea mi hija de diez años de edad que quiere bailar conmigo en la cocina o mi hijo de cuatro años que quiere jugar conmigo en la sala, yo siempre hago el esfuerzo para provéerle a mis hijos bastante contacto físico y positivo. Segundo, nuestros hijos deben recibir "atención completa" a diario. En vez de ofrecerles atención parcial mientras vemos televisión, necesitamos parar lo que estamos haciendo, escuchar a nuestros hijos, y darles toda la atención. Tercero, debemos establecer "contacto visual" con nuestros hijos cuando hablamos con ellos. Nosotros debemos ver a nuestros hijos a los ojos para comunicar nuestro amor a diario. Haciendo depósitos grandes de amor y favor en nuestros hijos al ver profundamente a sus ojos es una alegría especial que debe ser valorada. Comunicando amor de estas maneras ayudará llenar el banco de amor emocional de nuestros hijos (Switzer y Switzer, "Secretos en la Aventura de la Vida Familiar," sesión cinco).

La Comunicación Covenental

Periódicamente, mis padres, mis hermanos, y yo teníamos pláticas familiares durante la cena o en centros de retiro. Nos uníamos para pasar tiempo como familia o para hablar acerca de asuntos que nos afectaban como familia. Mis padres siempre estaban listos para escucharnos y con mucha paciencia hacían preguntas para poder llegar al corazón de la situación. Esta habilidad es sumamente importante cuando el espíritu de nuestro hijo parece estar manifestando ira o rechaza tomar parte de la vida familiar.

Nuestro reto es permanecer con el proceso hasta que logremos que nuestros hijos comuniquen lo que está dentro de sus corazones. Muchas veces solo es cosa de tiempo. Cuando actuamos de esta manera, demostramos nuestro amor hacia nuestros hijos.

La Comunicación Positiva

Nosotros debemos mantener un estándar de comunicación alto. Efesios 4:29 dice, "No salga de vuestros labios ninguna palabra dañina, solo las buenas palabras ayudan para hacer frente a la necesidad, palabras que beneficiarán a los que las escuchen." Hay que fomentar comunicación alentadora en la casa. Claramente, los esposos son el primer ejemplo de esto dentro del hogar. Esto no es decir que no van a ver argumentos entre esposos sin embargo, cuando ocurren y nuestros hijos nos escuchan, debemos ir a ellos y comunicarles que el problema se ha resuelto. También debemos pedir disculpas por haber perturbado la paz del hogar. Nosotros, al igual que nuestros hijos, debemos ser buenos ejemplos de la comunicación positiva.

La Influencia de los Abuelos

Dentro de los confines bíblicos, los abuelos pueden ser influencias muy importantes en las vidas de nuestros hijos. Proverbios 17:6 dice, "La corona del anciano son sus nietos; el orgullo de los hijos son sus padres." Como todos ya sabemos, hay una relación muy especial entre abuelos y nietos. A veces decimos que a los abuelos les toca "mimar" a sus nietos; sin embargo, yo creo que Dios tiene un gran propósito para los abuelos.

Deuteronomio 4:9 provee instrucciones para los abuelos: "¡Pero tengan cuidado! Presten atención y no olviden las cosas que han visto sus ojos, ni las aparten de su corazón mientras vivan. *Cuéntenselas a sus hijos y a sus nietos*" (cursiva añadida). Dios llama a los abuelos que "terminen fuerte" y recuerden las proezas del Señor. ¡Este será su testimonio en el Señor! Al cumplir con esto, ellos podrán compartir con sus nietos lo que han sido testigos de durante sus vidas y serán una influencia muy poderosa para sus hijos. Aun a la edad de 87 años, mi abuelo se sentaba con mis tres hermanos y yo y compartía con nosotros los principios de la Palabra de Dios acerca de la vida familiar, la crianza de los hijos, y viviendo para el Señor.

Personalmente, mis abuelos han sido una fuente de fortaleza. Sus años dedicados al Señor, caminando en carácter Mesiánico, y pasando una herencia piadosa han sido una rica fuente de motivación en mi vida. Los abuelos pueden y deben ser una influencia poderosa y positiva en la vida de nuestros hijos.

Comunicándonos con Dios Como Una Familia

Filipenses 4:6–7 dice, "No os preocupéis por nada, por el contrario, dad a conocer vuestras peticiones a Dios por medio de la oración y petición, con acciones de gracias. Entonces la *shalom* de Dios, que sobrepasa todo entendimiento, guardará vuestros corazones y mentes a salvo en unión con el Mesías Yeshúa." Nosotros debemos estar listos para recurrir a Dios con peticiones cuando surge una necesidad.

A medida que crecen nuestros hijos, ellos deben aprender a recurrir a la oración de inmediato cuando surge una preocupación, un problema de salud, o alguna necesidad de uno mismo o de otro. En última instancia, la meta es que nuestros hijos desarrollen una confianza en Dios, reconociendo que todo está bajo Su control, y que ellos pueden recurrir a Él en cualquier tiempo con sus peticiones. La oración debe ser un aspecto normal de la vida hogareña.

Nosotros, como hijos del Señor tenemos una característica que nos define: ¡Podemos escuchar su voz! Del pastor, Yeshúa dice en Juan 10:4, "Después de llevarse a todas que le pertenecen, se coloca delante de ellas y las ovejas le siguen porque reconocen su voz." Como ovejas del Buen Pastor, podemos escuchar la voz del Pastor.

Cuando queremos que nuestros hijos regresen a casa después de estar en el parque, llamamos, "¡Muy bien niños, es hora de entrar!" Nuestros propios hijos vienen a casa, pero no los otros niños en el parque. Nuestros hijos saben y confían en la voz de sus propios padres. Y nos da mucha felicidad cuando nuestros hijos responden inmediatamente con la obediencia. Igualmente, a medida que nuestros hijos vayan creciendo en su relación con el Señor, ellos aprenden a escuchar la voz de su Señor en la quietud de sus corazones. Ellos responderán a la voz de Dios llamándolos a obedecer y alentándolos.

Mi esposa y yo alentamos a nuestros hijos a tener un "tiempo privado" con el Señor antes del desayuno. Ellos leen las Escrituras o un libro de devociones. Los animamos que se comuniquen con el Señor a través de la oración, y los ayudamos a entender que un componente importante de la oración es poder escuchar la voz de Dios.

En nuestra sociedad hay muchas voces que luchan por la atención de nuestros hijos. Nuestros hijos fácilmente pueden escuchar esas voces a no ser que ellos aprendan a escuchar la apacible voz del Buen Pastor, en la quietud de su corazón. Nuestros hijos pueden aprender a confiar en el liderazgo del *Ruach HaKodesh* (Espíritu Santo), su Consejero, mientras entregan su camino a Él (Proverbios 3:5-6). Si se trata de tomar decisiones diarias o decisiones importantes, pueden aprender a buscar la voz del Señor para guiar su camino.

Capitulo 14

Aplicando el *Sh'ma* como Modelo de la Enseñanza

El SH'MA (ESCUCHAR) en Deuteronomio 6:4-9 nos provee con una estrategia para enseñarle a nuestros hijos. El pasaje comienza con las palabras, "Escucha, Israel: El Señor nuestro Dios es el único Señor. Ama al Señor tu Dios con todo tu corazón y con toda tu alma y con todas tus fuerzas" (Deuteronomio 6:4-5). La instrucción básica aquí es que toda nuestra vida ha de ser una expresión de amor hacia un Dios verdadero, lo cual incluye seguir sus decretos. La instrucción de nuestros hijos en última instancia, debe encontrar su fin en el amor de Dios.

El pasaje continúa, "Grábate en el corazón estas palabras que hoy te mando. Incúlcaselas continuamente a tus hijos" (Deuteronomio 6:6–7a). Lo que estas palabras implican es que los mandamientos del Señor han de permanecer en nuestros corazones. Nuestros valores deben ser los valores del Señor, y no podemos esperar que los mandamientos de Dios estén impresionados en nuestros hijos si nosotros mismos no los hemos adoptado. Es más, es muy importante tomar nota que Dios ha dado esta estrategia educacional a nosotros, los padres, y no al gobierno o a ninguna otra persona.

Después de mandar a los israelitas a "inculcar" sus mandamientos a sus hijos, Dios les dio el método específico a utilizar para lograrlo:

> Háblales de ellas cuando estés en tu casa y cuando vayas por el camino, cuando te acuestes y cuando te levantes. Átalas a tus manos como un signo; llévalas en tu frente como una marca; escríbelas en los postes de tu casa y en los portones de tus ciudades. (Deuteronomio 6:7–9)

Para poder impresionar sus mandamientos ante los corazones y las mentes de los niños, es necesario que los padres integren su Palabra en sus vidas. Ha de ver un enfoque interminable para lograr hacer que Dios y sus caminos sean el centro de la vida de nuestros hijos, ya sea en el trabajo, el descanso, o mientras juegan. Los Abrams apoyan el uso del *Sh'ma* (Deuteronomio 6:4) como el armazón para comunicar valores a nuestros pequeños (245), particularmente durante situaciones difíciles. Deuteronomio 6:4 proclama, "*Sh'ma, Yisra'el! ADONAI Eloheinu, ADONAI echad* [Escucha , Israel: El Señor nuestro Dios es el único Señor]." Ellos comunican como cada una de las seis palabras de Deuteronomio 6:4 tienen un gran significativo para la enseñanza de nuestros hijos.

Sh'ma-Escuchar

Nosotros debemos "escuchar" a nuestros hijos. Ellos deben saber que son importantes cuando los escuchamos.

El escuchar, o prestar atención, es importante en todas nuestras relaciones, especialmente las relaciones con nuestros hijos. Santiago 1:19 nos dice, "¡Por lo tanto, mis queridos hermanos, que toda persona sea *pronta para oír*, pero lenta para hablar y lenta para dejarse llevar por la ira (cursivas añadidas). Cuando nuestros hijos quieren hablar con nosotros, debemos darle toda la atención.

Con uno de mis hijos, tengo que esforzarme bastante para no frustrarlo al interrumpirlo antes que el termine de comunicar lo que quiere. Proverbios 29:20 dice, "¿Te has fijado en los que hablan sin pensar? ¡Más gente puede esperar de un necio que de gente así!" Tenemos que tener cuidado y dejar que nuestros hijos digan todo lo que tienen que decir y darles la satisfacción que ellos pueden comunicarse con nosotros de manera que nosotros los escuchemos.

Como director de una escuela, tengo que tener cuidado de hacer lo mismo con mis alumnos. Quiero expresar lo que pienso acerca de una situación. Pero en vez, debo disciplinarme a dejar que la otra persona comparta todo lo que él o ella tiene que decir, ya sea una sencilla situación administrativa o algo personal.

Mateo 18:15–16 dice, "Es más, si tu hermano comete un pecado en contra tuya, ve y muéstrale su falta, pero en privado, solo entre vosotros dos. Si él no escucha, llévate a uno o dos más contigo de manera que cada una de las acusaciones pueda ir apoyada por el testimonio de dos o tres testigos." ¡El simple hecho de escuchar o de prestar atención es un acto muy poderoso! Pero esto toma tiempo y no siempre será una actividad muy productiva, pero podremos salvarnos bastantes problemas si solo ponemos atención.

Mateo 11:28–29, nos puede ayudar a aprender a ponerle atención a nuestros hijos, al describir cómo podemos buscar a nuestro Padre para tener descanso en nuestras almas: "Venid a mí, todos vosotros los que estáis luchando y cargados y yo os daré descanso. Tomad mi yugo sobre vosotros y aprended de mi, y hallaréis descanso para vuestras almas." Cuando nuestros jóvenes desean comunicarse con nosotros, ellos deben saber que pueden encontrar descanso. Cuando estén listos para hablar, que nosotros no tengamos prisa. Cuando vengan a nosotros, que no los apresuremos, "Si. Si. ¿Qué quieres?" En lugar, necesitamos ver a nuestros pequeños en la cara, afirmarlos, y dejarlos hablar con nosotros sin apresurarlos. Que ellos encuentren descanso.

En una ocasión, cuando tenía dos años de edad, mi hijo Nehemiah me conmovió tremendamente, y casi me hizo llorar. Una noche, después de la cena, nosotros pasamos un poco de tiempo jugando y alabando a Yeshúa. Nehemiah estaba sudando por tanto jugar. Luego llegó la hora de decirle a mis hijos que tenían que alistarse para irse a dormir, y yo me ocupaba limpiando la cocina. Nehemiah me trajo una botella de agua, pidiendo que se la abriera porque tenía mucha sed. Yo tenía prisa porque quería terminar de limpiar la cocina y le dije, "No, Nehemiah," y puse la botella en la refrigeradora. Unos minutos después, me trajo otra botella de agua, y otravez me pidió lo mismo. (Teníamos botellas de agua en la cocina porque su hermana había tenido práctica de fútbol esa tarde). Esta vez cedí un poco y le dije, "Ahora no, Nehemiah, vamos a cepillarte los dientes ya; vas a tomar agua entonces." Unos minutos después, el vino a mí, jalando la mochila de fútbol de Anna y tratando de sacar su botella de agua de fútbol que estaba en uno de los bolsillos de la mochila. En ese momento tuve que dejar lo que estaba haciendo. Me senté, abrí la botella de agua, y dejé que mi hijo tomara toda el agua que quería. Nehemiah no tiró ninguna rabieta; el simplemente persistió en la mejor manera que el pudo. Me conmovió como mi hijo apenas de dos años de edad, pudo darle una lección tan grande a su padre.

Cuando seguimos el liderazgo del *Sh'ma* y paramos para escuchar a nuestros hijos, nosotros comunicamos cariño hacia ellos al dejarlos expresar sus preocupaciones, sus problemas, lo que sea que esté en sus corazones o mentes. Nosotros le proporcionamos paz a nuestros hijos cuando estamos disponibles a escucharlos, ayudándoles a relajarse en nuestra presencia.

Yisra'el-Israel

Después de escuchar a nuestros hijos, nosotros podemos comunicar los valores de Israel, los valores de la Palabra de Dios.

La segunda palabra hebrea en el *Sh'ma* es *Yisra'el.* Dios dice, "¡Escuchen, Isra'el!" Uno puede ver que la palabra *Yisra'el* aquí es simbólica, no solo para la nación de Israel, sino también para todo aquello que hace la nación de Israel una nación distinta; un pueblo separado. *Yisra'el* incluye la Tora, y para nosotros, los creyentes mesiánicos, todo el consejo de la Palabra de Dios.

Entonces cuando nuestro hijo viene a compartir con nosotros, nosotros debemos estar listos para escuchar con cuidado. Mientras escuchamos, debemos considerar lo que la Palabra de Dios dice acerca del asunto en cuestión.

ADONAI

El nombre ADONAI es indicativo de las promesas que guarda el Señor (Éxodo 3:15, 34:5–10). El es un padre lleno de compasión y misericordia:

> Alaba, alma mía, al Señor, y no olvides ninguno de sus beneficios. El perdona todos tus pecados y sana todas tus dolencias; el rescata tu vida del sepulcro y te cubre de amor

> y compasión; el colma de bienes tu vida y te rejuvenece como a las águilas...El Señor es clemente y compasivo, lento para la ira y grande en amor…Tan compasivo es el Señor con los que le temen como lo es un padre con sus hijos. (Salmos 103:2–5, 8, 13)

Nosotros debemos ser como ADONAI en la forma que nos relacionamos con nuestros hijos.

Eloheinu-Nuestro Dios

Eloheinu habla de un Dios (*Eloheim*) de fortaleza y justicia:

> Dios preside el consejo celestial; entre los dioses dicta sentencia… Levántate, oh Dios, y juzga a la tierra, pues tuyas son todas las naciones. (Salmos 82:1, 8)

Eloheinu señala hacia el gran Juez quien preside sobre toda la tierra. Su fuerza, nadie puede resistir; el administrará su verdad y justicia a las naciones. Como *Eloheinu*, nosotros debemos hablar la verdad y justicia ante la vida de nuestros hijos. A la misma vez, no queremos reaccionar fuertemente cuando ellos hacen mal. En mi experiencia como director, he visto como padres exigen que sus hijos sean perfectos y reaccionan fuertemente cuando sus hijos no hacen lo que ellos esperan. En actualidad, ellos le están enseñando a sus hijos que les mientan por temor a las represalias duras. Por ejemplo, padres pueden decirle a sus hijos, "¡Yo no quiero recibir ninguna hoja de disciplina de la escuela hoy!" Nuestros hijos toman cosas así literalmente. No nos quieren defraudar y pueden ser tentados a esconder la hoja de disciplina que ha mandado la maestra a casa.

Es muy importante que nosotros comuniquemos el corazón de ADONAI a nuestros hijos con amor incondicional y aceptación. Después podemos proceder a traer la justicia y verdad.

ADONAI

En el *Sh'ma* regresamos a darle énfasis a la misericordia del Señor. Yo llamo esto el "efecto del sándwich".

Primeramente, cuando estamos disciplinando a nuestros hijos, debemos comunicar la compasión y misericordia que comunica el corazón de ADONAI, luego podemos traer la verdad y justicia de *Eloheinu*, y después imitar a ADONAI al reafirmar nuestro propio amor hacia ellos. Como dice Lamentaciones 3:23 de la gracia y compasión del Señor, "cada mañana se renueven sus bondades ¡muy grande es su fidelidad!".

Echad (Uno)

El *Sh'ma* es un llamado a alabar un (*echad*) Dios—ADONAI. También nos informa que Dios es una unidad compuesta (*echad*). Nuestras relaciones tienen que reflejar esta unidad que existe dentro Dios mismo. La sincera oración de Yeshúa en Juan 17:20–23 habla de esta unidad:

> Oro no solamente por estos, sino por todos aquellos que confiarán en mí por su palabra, para que todos ellos puedan ser uno. De la misma manera que tú, Padre, estás unido conmigo y yo contigo, yo oro para que ellos puedan estar unidos con nosotros, para que el mundo pueda creer que tú me enviaste. La gloria que tú me has dado, yo se la he dado a ellos, para que ellos puedan ser uno, de la misma manera que nosotros somos uno, yo me uní con ellos y tú conmigo, a fin de que ellos puedan ser completamente uno y de ese modo el mundo se dé cuenta de que tú los has amado de la misma manera que me has amado a mí.

Claramente, uno de los más grandes deseos de Yeshúa para nosotros es que seamos uno como él y el Padre lo son. Esto incluye nuestras relaciones con nuestros hijos. Nuestra oración debe ser que nuestros hijos caminen en comunión con nosotros y con el Señor—que nosotros y nuestros hijos seamos "uno" y que ellos sean "uno" con Dios.

Dios tiene un propósito para esta unión. Dios desea que nosotros seamos uno en nuestras relaciones para alcanzar el mundo para el Mesías. Ver una familia caminando en unión bíblica sirve como un gran testimonio para el mundo.

Esta unión de comunión es un tema muy importante en las escrituras de Juan. 1 Juan 1:7 dice, "Pero si caminamos en la luz, como él es luz, tenemos comunión los unos con los otros, y la sangre de su Hijo Yeshúa nos purifica de todo pecado." Para poder tener comunicación honesta—de conocer y ser conocido—es una de nuestras necesidades más grandes. Yo disfruto de mis caminatas con mi esposa, Silvia. Cuando nuestras conversaciones durante estas caminatas comunican una cierta profundidad de franqueza, nos acercamos. Vivimos por esa unidad espiritual que Dios desea para cada uno de nosotros.

Hay una gran necesidad para que padres verdaderamente puedan conocer a sus hijos, particularmente en los años de la adolescencia. Espero que podamos cultivar esta relación de sinceridad y unidad con nuestros hijos a través de todas sus vidas. Aprendamos del *Sh'ma*.

Capitulo 15

Aprendiendo A Través de los Festivales Bíblicos

El Señor sabía que al mandar a su gente a celebrar sus festivales les ayudaría a recordar su Palabra e incorporar principios piadosos a sus estilos de vida. Aunque esta discusión acerca de festivales israelitas no es exhaustiva, quiero compartir unas formas emocionantes que podemos utilizar para enseñarles a nuestros hijos.

Shabbat, el Sábado

Después de crear el mundo, Dios descansó en el séptimo día. Génesis 2:3 dice, "Dios bendijo el séptimo día, y lo santificó, porque en ese día descansó de toda su obra creadora." En Éxodo 20:8, Dios le dijo a su gente, "Acuérdate del sábado para consagrarlo." La comida del atardecer en el viernes es una tradición que ha ayudado a los judíos a mantener su identidad a través de la historia. También sirve como recordatorio del pacto de Dios con ellos, y el orden de la Creación.

En la Escuela Ets Chaiyim (Árbol de Vida), nosotros le damos la bienvenida al *Shabbat* los viernes por la tarde a través de nuestro servicio *Kabbalat Shabbat*. Mientras los alumnos participan en la iluminación de las candelas del Sábado, al igual que en la bendición sobre el pan y el vino, ellos aprenden varios principios bíblicos.

Al disfrutar del descanso del Sábado, crecemos en nuestra relación con el Señor del Sábado. Yeshúa dijo, "Venid a mí, todos vosotros los que estáis luchando y cargados y yo os daré descanso. Tomad mi yugo sobre vosotros y aprended de mí, y hallareis descanso para vuestras almas. Porque mi yugo es fácil y mi carga es ligera" (Mateo 11:28–30). Al vernos caminar en el descanso de Yeshúa del Sábado, nuestros hijos ven como estamos confiando en el Señor en cada aspecto de nuestra vida.

Rosh HaShanah, la Cabeza del Año

Previo al *Yom Kippur* está *Yom Teruah*, el Día de Sonar (tradicionalmente conocido como Rosh Hashanah), donde empiezan los diez días de arrepentimiento ante Dios. En nuestro servicio de festival, sonamos el *Shofar* (el cuerno del carnero). Esto nos recuerda del sonido que hará el *shofar* cuando el Mesías regrese.

En su libro *La Hora Marcada por Dios*, Barney Kasdan describe el festival como un día de reunión:

> El propósito de este día santo es sumado en una sola palabra–reunión. Porque los días festivos del otoño nos incitan a reunirnos hacia una fe pura en Dios, *Rosh HaShanah* ha venido a representar el día de arrepentimiento. Es el día que la gente de Israel toma cuenta de su condición espiritual y hace los cambios necesarios para asegurar que el año venidero será uno agradable para Dios. (Kasdan, 64)

Porque los festivales otoñales empiezan con *Rosh HaShanah*, es conocido como el encabezado espiritual del año. La bendición del año nuevo es conmemorada comiendo varias comidas dulces. Para celebrar este día, los alumnos de la Escuela Ets Chaiyim, disfrutan manzanas remojadas en miel de abeja. Saboreando comida dulce en *Rosh HaShanah* deja una impresión duradera en nuestros hijos.

Yom Kippur, el Dia de Expiación

Nosotros podemos enseñarles a nuestros hijos mucho acerca de las obras expiatorias de Yeshúa a través del *Yom Kippur*. Levítico 23:27–28 dice,

> El día diez del mes séptimo es el día del Perdón. Celebrarán una fiesta solemne en honor al Señor, y ayunarán y le presentarán ofrenda por fuego. En ese día no harán ningún tipo de trabajo, porque es el día del Perdón, cuando se hace expiación por ustedes ante el Señor su Dios.

En los tiempos bíblicos, este era el día en que el sumo sacerdote entraba al Lugar Santísimo con la sangre del sacrificio para ser una expiación por el pueblo. Yeshúa, a través de su muerte, hizo un camino para todos los que confían en Él para entrar en la presencia de Dios con valentía.

Cuando nos acercamos a la fecha, tenemos una excelente oportunidad para llamar a nuestros hijos a un estilo de vida que rechaza el pecado y recibe el perdón a través de Yeshúa, como le habla el escritor a los hebreos:

> Así que, hermanos, el camino al Lugar Santísimo ha quedado abierto por la sangre de Yeshúa. Él lo inauguro por nosotros como un camino nuevo y vivo a través del *parokhet*, por medio de su carne. Pero además tenemos un gran *cohen* sobre la casa de Dios. Por lo tanto, acerquémonos al Lugar Santísimo con un corazón sincero, con toda la seguridad que es el resultado de la fe, con nuestros corazones rociados limpios de una mala conciencia y nuestros cuerpos lavados con agua pura. (Hebreos 10:19–22)

Yom Kippur nos recuerda que no debemos esperar que nuestros hijos sean perfectos. En cambio, debemos enseñarles acerca de la limpieza de sangre y el poder renovador de Yeshúa con el arrepentimiento y la confesión de nuestros pecados: "Si reconocemos nuestros pecados, él es fiel y justo y nos los perdonará y nos purificará de toda maldad (1Juan 1:9).

Mi padre me enseñó que cuando caiga en una falta, en vez de ponerme en la defensiva, yo debería reconocer la culpa y la culpa cesará. Siempre y cuando negamos nuestro pecado, la culpa no desaparecerá. "Si afirmamos que no tenemos pecado, nos engañamos a nosotros mismos y la verdad no está con nosotros"

(1Juan 1:8). Pero tan pronto reconocemos y aceptamos nuestro pecado, la culpa no sigue. Nosotros podemos ayudar a nuestros hijos aprender a confesar sus pecados rápidamente cuando los cometen. Esta cualidad de carácter los ayudará a prosperar en la vida mientras aprenden a caminar bajo la autoridad especialmente con sus maestros y empleadores. Los diez días desde *Rosh Hashanah* hasta *Yom Kippur* son tiempos ideales para enseñar auto-evaluación, lo cual lleva al arrepentimiento y paz con Dios por medio de Yeshúa.

Sukkot, el Festival de Tabernáculos

Sukkot (Enramadas), o el Festival de Tabernáculos, es una celebración de la cosecha que dura ocho días. En Levítico 23:42-43, el Señor llama a los israelitas a vivir en cabinas "para que sus descendientes sepan que yo hice vivir así a los israelitas cuando los saqué de Egipto" (Levítico 23:43). Podemos utilizar los *sukkah*, enramadas o cabañas, para enseñarles a nuestros hijos. En el hogar, dentro de su congregación, y en la escuela, la imagen del *sukkah* ayuda a nuestros hijos recordar y comprender que la gente judía vivía en viviendas temporales después de salir de Egipto.

Desde otra perspectiva, "los *sukkos* mencionados en el versículo anterior en actualidad son...Nubes de Gloria, que rodeaban y protegían el pueblo judío contra los elementos durante sus 42 años de vagar en el desierto." Celebrando *sukkot* ayuda a nuestros hijos aprender a permanecer en la bendición y protección de Dios sobre cada área de sus vidas.

Salmos 100:4 nos dice, "entren por sus puertas con acción de gracias; vengan a sus atrios con himnos de alabanza, denle gracias, alaben su nombre." Dando gracias es una forma de entrar ante la presencia de Dios y acercarnos al Señor. ¡Podemos usar el tiempo señalado de *Sukkot* para inspirar en nuestros hijos una actitud de acción de gracias! Como día festivo, *Sukkot*, viene durante el tiempo de la cosecha en el otoño, y podemos hacer *sukkot* (enramadas) con todo tipo de frutas y verduras. A través de esto, nuestros hijos podrán aprender a dar gracias a Dios por sus provisiones, incluyendo nuestra comida y albergue.

Es más, padres pueden usar *Sukkot* como un tiempo para enseñar que un día los niños de todas las naciones se juntarán a celebrar el Festival de Tabernáculos en el Reino Mesiánico. Como dice Zacarías 14:16, "Entonces los sobrevivientes de todas las naciones que atacaron a Jerusalén subirán año tras año para adorar al Rey, al Señor Todopoderoso, y para celebrar la fiesta de las Enramadas."

Finalmente, el Festival de Tabernáculos señala hacia la encarnación. Juan 1:14 dice, "La Palabra se convirtió en un ser humano que vivió entre nosotros." La frase, "vivió entre nosotros," se relaciona con la palabra para tabernáculo. Yeshúa habitó entre nosotros en ese entonces, y habitará entre nosotros de nuevo en la era mesiánica. La celebración del Festival de Enramadas celebra el Mesías que una vez vivió entre nosotros, que ahora vive dentro de nosotros, y que en el futuro vivirá entre nosotros (Lancaster, 97). El Festival de *Sukkot* le recuerda a los niños que Yeshúa siempre está con ellos.

Purim, el Festival de los Lotes

Purim es el tiempo para recordar los eventos descritos en el libro de Ester. Como ya sabemos, Dios ha sido fiel a preservar el pueblo judío del malvado plan de Amán y hasta las cámaras de gas de Hitler. *Purim* es el tiempo para celebrar los días "en que los judíos se libraron de sus enemigos, y…el mes en que su aflicción se convirtió en alegría, y su dolor en día de fiesta. Por eso debían celebrarlos como días de banquete y de alegría compartiendo los alimentos los unos con los otros y dándoles regalos a los pobres" (Ester 9:22). Ester 9:27–28 dice que "toda familia, y cada provincia y ciudad, debía recordar y celebrar estos días en cada generación" y "para todos que los que se les unieran [a los Judíos]" también debían celebrar.

Podemos enseñarles a nuestros hijos lecciones de bastante valor usando los eventos que ocurrieron durante esta época. Ester mostró valentía piadosa, fe que tomaba riesgos, y preocupación por su pueblo, pero no mostró egoísmo. En nuestros hogares, en la escuela, y en nuestras congregaciones, nuestros hijos, con alegría, pueden darle comida y regalos a los pobres, o pueden vestirse como los diferentes personajes del libro de Ester. Cuando los niños leen o interpretan el *Megillah* (la historia de Ester), el drama puede crear una impresión duradera en ellos. Mientras ejecutan los varios papeles, ellos internalizan la palabra de Dios. *Purim* es un tiempo muy festivo al igual que educativo.

También podemos utilizar el tiempo de *Purim* para recordarles a nuestros hijos que Dios tiene un plan especial y un propósito para sus vidas. Ellos tienen un destino para cumplir. En Ester 4:14, Mardoqueo, el tío de Ester, le exhortó a su sobrina que hablara para su pueblo: "¡Quién sabe si no has llegado al trono precisamente para un momento come éste!" Estas palabras señalan al propósito de Ester; Dios la utilizó para salvar a su pueblo de Israel de la aniquilación.

Mientras crecía, mis padres me inculcaron un agudo sentido que Dios tenía un plan especial para mi vida. *Purim* puede ayudarnos como padres a comunicar el mismo mensaje a nuestros hijos.

Pesach, Pascua

La Pascua conmemora como Dios fielmente trajo a Israel fuera de Egipto. En obediencia al mandato del Señor, los israelitas colocaron la sangre de un cordero en los postes de sus casas para que el ángel de la muerte pasara sobre ellos y no matara a sus hijos primogénitos. Pascua es una oportunidad excelente para enseñarles a nuestros hijos acerca de la identidad de Yeshúa como el perfecto Cordero de la Pascua. Cuando aplicamos la sangre de Yeshúa a nuestros corazones en fe, y nos arrepentimos de nuestros pecados, el Señor perdona nuestros pecados. El "pasa sobre" ellos.

El *seder* de la Pascua es una forma excelente para aprender acerca de Dios y lo que ha hecho en la historia. Los diferentes símbolos y las cuatro preguntas que el niño hace (las cuales son respondidas por el padre) reflejan métodos de enseñanzas de los libros de texto.

En la mesa de Pascua, los niños aprenden al saborear los diferentes alimentos. Un tal alimento es *matzah* (pan sin levadura). Los israelitas comieron pan sin levadura porque tenían que salir de Egipto rápidamente. Al comer *matzah* y eliminar nuestras casas de la levadura, nosotros podemos explicarle a nuestros hijos la importancia que tiene el eliminar el pecado de nuestras vidas (1Corintios 5:6–13).

Podemos ser que nuestra meta sea disfrutar la Pascua con nuestros hijos. A través del *seder*, podemos recordarnos de la liberación de Israel de Egipto por nuestro Señor y su liberación de la humanidad del pecado y de la muerte a través de Yeshúa.

Celebrando los festivales del Señor es una forma excepcional de enseñar principios bíblicos duraderos a nuestros hijos y guiarlos hacia el Señor de tal manera que pueda capturar su imaginación por todas sus vidas.

Tercera Parte

Las Etapas del Crecimiento

Ya que hemos discutido métodos prácticos para la instrucción y crianza de nuestros hijos, vamos a dirigirnos hacia las diferentes etapas del desarrollo de los niños desde una perspectiva bíblica—la etapa de infancia, la etapa de la niñez, y la etapa de la juventud.

Porque esta sección trata con los niños en diferentes etapas, habrá cierto traslapo por necesidad. Muchos métodos de enseñanza e instrucción pueden ser aplicados a través de toda la niñez y aun hacia los años de la adolescencia. Sin embargo, hay diferencias claras entre un infante, el niño hasta de 12, y el adolescente. Aunque el crecimiento y el desarrollo de cada niño es único, voy a presentar expectativas bíblicas generales para el comportamiento de nuestros hijos en las diferentes etapas.

Capitulo 16

La Etapa de la Infancia

Jeremías 1:5 lee, "Antes de formarte en el vientre, ya te había elegido; antes de que nacieras, ya te había apartado; te había nombrado profeta para las naciones." Dios conocía a nuestros hijos antes de ser concebidos; El los diseñó con propósitos en su mente (Salmos 139:16). Debemos reconocer los regalos preciosos de vida que tenemos a nuestro cargo, desde el tiempo que están en nuestro vientre, debemos buscar a instruir a nuestros hijos que sigan al Señor.

El Bebé en el Vientre Materno

Podemos establecer un principio saludable para nuestros bebés mientras están en el vientre materno. Una manera es orar a diario por ellos, hablando, y leyendo las Escrituras. El ambiente en nuestro hogar debe ser uno de paz. Debemos buscar a tener un hogar con harmonía, evitando argumentos fuertes. Podemos escuchar música de alabanza y adoración para fomentar un sentido de paz dentro del hogar.

Cuando decidamos el nombre de nuestros hijos, podemos decir su nombre al hablarles mientras están en el vientre. A menudo le hablaba a nuestra primera hija cuando ella estaba dentro del vientre de su madre, y cuando Anna nació, yo tenía un sentido que ella y yo ya habíamos formado una relación. Su primer día fuera del vientre, cuando ella lloraba en la guardería del hospital, yo le hablé de la misma manera como le hablaba cuando todavía estaba por nacer: "Hola, Anna. Este es tu papá. Tu papá te ama. Dios te bendiga." Ella rápidamente se calmaba al escuchar esas palabras. Yo estaba seguro que ella y yo habíamos desarrollado una relación desde el tiempo que ella estaba en el vientre de Silvia. Ella y yo ya nos amábamos; habíamos desarrollado una relación íntima. Cuando nacen nuestros bebés, ellos ya deberían tener un sentido de pertenecer a nuestras familia y de seguridad en nuestro hogar.

El Nombre de Nuestro Hijo

Decidiendo un nombre para nuestros hijos es una decisión importante. 1 Samuel 1:20 dice que Ana, "concibió y, pasado un año, dio a luz un hijo y le puso por nombre Samuel, pues dijo: 'Al Señor se lo pedí'". Ana tenía una buena razón, dada por Dios, por el nombre que le puso a su hijo. En tiempos bíblicos, el nombre era muy importante; el nombre a veces hablaba acerca del carácter o identidad de esa persona.

Es buena idea buscar la dirección del Señor al buscar el nombre de nuestros hijos. Estos nombres hablarán sobre ellos por todas sus vidas. Con respecto al nombre de nuestro hijo, Joshua Ezekiel, Silvia y yo buscamos al Señor. Joshua significa, "El Señor es salvación." El lleva el nombre de Josué, quien llevó los israelitas a la Tierra Prometida. Continuamente le damos gracias al Señor que nuestro hijo tomará la "tierra prometida" que el Señor tiene para él. Su segundo nombre, Ezekiel, significa "la fortaleza del Señor." Nuestra oración es que Joshua Ezekiel sea un líder fuerte, valiente, y lleno de compasión quien busque a complacer a Dios sin preocuparse por lo que otros piensen de él.

El nombre de un niño puede ser muy significante. Puede hablar de la identidad del niño y puede ser un factor clave en cómo se ve a sí mismo por toda su vida.

La Relación Entre Padre e Hijo Durante la Infancia

Lo más importante que podemos hacer con nuestros bebés es establecer una relación maravillosa y cariñosa con ellos. Cuando Anna tenía ocho semanas de haber nacido, llegué a casa del trabajo y pasé un buen rato con ella. Yo hablaba con ella, le hacía todo tipo de preguntas, y le decía "Hola" a ella vez tras vez. Podía ver que ella tenía tantas ganas de hablar—ella estaba sacando su lengua, moviendo su cabeza, y respirando con emoción. Ella arrullaba y decía, "Hooroo." Al rato empezó a llorar de frustración; ella quería hablar conmigo pero no podía. Yo le dije, "Está bien. No tienes que hablar."

A través de esta experiencia, pude ver que Anna quería hablar conmigo e imitarme. En efecto, Dios ha puesto dentro de nuestros infantes un deseó natural para conectar con nosotros. Nosotros tenemos una gran oportunidad para comunicar nuestro gran placer.

Los bebés comienzan sus vidas completamente dependientes de nosotros, particularmente de sus madres. Necesitan cuidado constante y parecen necesitar cumplimiento inmediato de sus deseos. Los bebés desarrollan un sentido de confianza a través del amamantamiento, un método diseñado por Dios. Salmos 8:2 provee una ilustración del fortalecimiento que de la lactancia materna: "Por causa de tus adversarios has hecho que brote la alabanza de labios de lo pequeñitos y de los niños de pecho, para silenciar al enemigo y al rebelde."

La presencia del padre es instrumental para el desarrollo del bebé. Oseas 11:3–4, que habla del amor de nuestro Padre hacia su hijo Efraín, nos da una imagen de la participación del papá en la vida de sus hijos:

> Yo fui quien enseñó a caminar a Efraín; yo fui quien lo tomó de la mano. Pero él no quiso reconocer que era yo quien lo sanaba. Lo atraje con cuerdas de ternura, lo atraje con lazos de amor. Le quité de la cerviz el yugo, y con ternura me acerqué para alimentarlo.

Los padres nunca deberían pensar que su papel en la vida de sus infantes es uno con límites. Ustedes pueden ayudar con la alimentación, pueden cambiar los pañales, darles amor, conectar con ellos, jugar con ellos, hablar con ellos, y aun ayudarles a gatear y caminar. Cuidando un bebé requiere de mucho esfuerzo físico.

Sin duda, esta es una tarea que requiere que la madre y el padre trabajen en equipo.

Las Escrituras describen el destete como un punto clave en la vida de un niño. 1 Samuel 1:21–23 habla de Ana y cuando ella dejó de amamantarlo:

> Cuando Elcaná salió con toda su familia para cumplir su promesa y ofrecer su sacrificio anual al Señor, Ana no lo acompañó. "No iré hasta que el niño sea destetado," le explicó a su esposo. "Entonces lo llevaré para dedicarlo al Señor, y allí se quedará el resto de su vida. "Bien, haz lo que te parezca mejor," respondió su esposo Elcaná. "Quédate hasta que lo destetes, con tal de que el Señor cumpla su palabra." Así pues, Ana se quedó en su casa y crió a su hijo hasta que lo destetó.

Es durante los primeros años de vida, cuando se forma una confianza básica entre madre e hijo, que la fundación de una relación positiva se establece. Ambos padres deben maximizar el uso de su tiempo con sus hijos durante estos primeros años de vida para establecer una buena relación con sus bebés. Salmos 131:2 habla acerca de la paz de un niño amamantado: "He calmado y aquietado mis ansias. Soy como un niño recién amamantado en el regazo de su madre. Mi alma es como un niño recién amamantado."

Enseñando a Nuestros Infantes

Tan pronto nuestros infantes aprendan a recibir alimentación, deberíamos mover hacia un horario de alimentación y siestas para el bebé. Al hacer esto, ellos aprenderán desde un principio, a encajar dentro de la vida familiar en vez de necesitar ser el centro de la atención. Mientras la madre provee su hijo con la nutrición, el aprenderá a dormirse el solo y podrá confiar que sus necesidades serán satisfechas. No deberíamos caer a las demandas de los bebés pero al mismo tiempo, no debemos ignorar sus necesidades. Cada uno de nuestros cuatro hijos aprendió a dormir toda la noche a las ocho semanas de edad. Silvia y yo estamos convencidos que la razón detrás de esto es que ella y yo establecimos una rutina de alimentación y siestas a través del día.

Sin dejar de reconocer que nuestros hijos son creados a la imagen de Dios, tenemos que ser conscientes de que nuestros niños preciosos también vienen a nosotros con cierta naturaleza innata. Salmos 51:5 dice, "Yo sé que soy malo de nacimiento; pecador me concibió mi madre." Salmos 58:3 expresa este punto aún mas gráficamente: "Los malvados se pervierten desde que nacen; desde el vientre materno se desvían los mentirosos." Nadie quiere pensar de su recién nacido como "malo"; sin embargo, debemos entender que nuestros hijos buscarán a ejercer su propia voluntad desde el principio.

Padres deben ser padres; nosotros necesitamos entender que estamos a cargo, y no nuestros hijos. Mientras que nuestros hijos se desarrollan y ejercen su propia voluntad, nosotros debemos dirigir y controlarlos. Cuando nuestros infantes tiran una rabieta, no deberíamos ceder a ellas. En lugar debemos, con gentileza, proveer control y así hacer que nuestros hijos nos obedezcan, ya sea cuando le estemos dando un baño o cambiando sus pañales. Que nuestro bebé esté llorando no es razón suficiente para dejar lo que estamos haciendo para apaciguarlo.

Para que el padre pueda establecer su control, los infantes deben ser entrenados a responder al comando del padre, especialmente la palabra, "No." También pueden aprender a responder a comandos tal como "Para" y "Ven," lo cual sirven una función de protección. Al establecer estos comandos, nosotros creamos límites en la cual nuestros hijos son permitidos a explorar. Por ejemplo, nuestros hijos pueden aprender a jugar en el cuarto familiar mientras aprenden a no tocar la televisión.

Proverbios 22:15 dice, "La necedad es parte del corazón juvenil, pero la vara de la disciplina la corrige." Nosotros debemos esforzarnos mucho para contrarrestar la tendencias que tienen nuestros hijos a ser auto-orientados; ellos aprenden a ser buenos a través de la disciplina. Para el infante de seis meses, podemos usar el dolor de forma controlada para al reforzar la obediencia al decir "No." Por ejemplo, el padre puede presionar la mano de su hijo firmemente cuando el bebé tira su comida. Esto le enseña al infante que "No" quiere decir que el no puede tirar la comida. Mientras que no debemos utilizar el castigo corporal hasta después que nuestro niño haya cumplido los doce meses de edad, podemos presionar la mano para proveer la disciplina necesaria y para ayudar a nuestro bebé entender lo que significa la palabra "No."

Instruyendo a Nuestros Infantes

Nuestros bebés aprenden mucho a través del juego exploratorio. Ellos deben ser estimulados a experimentar su entorno. A medidas que van creciendo y empiezan a moverse más, ellos buscan, observan, aprenden, y se fascinan con lo que les rodea.

Durante los primeros quince meses de un niño (la infancia), la madre debe hacer mucho esfuerzo para tratar de desarrollar la independencia de su hijo. La curiosidad innata del niño lo lleva a aprender, agregando a su conocimiento cada vez mayor.

Cuando mi hija tenía aproximadamente catorce meses de edad, ella quería caminar y explorar su entorno. Silvia y yo la observábamos caminar desde una distancia segura. Anna hablaba con seguridad, señalaba, y con tanto gusto caminaba tan rápido como podía. Cuanto ella disfrutaba de su nueva habilidad de caminar y explorar. Mientras ella interactuaba con otros, ella parecía ser una líder, ¡llena de valentía y aparentando estar lista a mandar sus tropas con toda determinación y propósito!

Pablo sabía que Timoteo había sido enseñado desde la infancia:

> Pero tú, permanece firme en lo que has aprendido y de lo cual estás convencido, pues sabes de quiénes lo aprendiste. *Desde tu niñez conoces las Sagradas Escrituras*, que pueden darte la sabiduría necesaria para la salvación mediante la fe en Cristo Jesús. (2 Timoteo 3:14-15, cursivas añadidas)

A Timoteo le leían las Escrituras desde una edad muy pequeña, muy probablemente desde sus primeros días. Asimismo, nuestros bebés pueden conocer la Palabra del Señor.

Un recurso muy útil es leerle a nuestros hijos, incluso leerles directamente de las Escrituras. Libros de la Biblia con dibujos estimularán y establecerán un fuerte interés en la Palabra de Dios desde una edad muy temprana. Debemos escoger historias estimulantes con fuertes temas que desarrollan el carácter, y hacerlas un componente regular de la vida de nuestros hijos desde la infancia. Si tomamos el tiempo para hablar acerca de los temas comunicados en la lectura, nuestros hijos podrán internalizar los valores piadosos expresados a través de todos los diferentes personajes de la Biblia.

Cuando nuestra hija tenía siete meses de edad, ella se animaba bastante cuando nos sentábamos a leerle un libro ilustrado. Durante la lectura y aun después, ella hablaba bien emocionada. Podíamos ver claramente que ella estaba plenamente comprometida en el contenido del libro y que disfrutaba de las ilustraciones, por lo cual respondía con sus palabras de bebé. ¡Es un gran placer y un privilegio ver a nuestros hijos aprender!

Dios les ha dado a nuestros hijos el regalo de lenguaje. Ellos desean comunicarse con nosotros. Ellos tienen una habilidad natural para desarrollar su capacidad de lenguaje. Sin embargo, a veces ellos se frustran porque no pueden comunicar sus deseos. Antes de que ellos puedan usar palabras inteligibles, nosotros podemos enseñarles ciertas palabras a través del uso de señas. Podemos enseñarles varias señas para "mami," "papi," "gracias," "más por favor," y "perdón."

Nuestros pequeños también aprenden a través del bienestar espiritual de la familia. Joel 2:15–16 habla acerca de cómo los bebés fueron incluidos en una asamblea sagrada: "Toquen la trompeta en el Sión, proclamen el ayuno, convoquen a una asamblea solemne. Congreguen al pueblo, purifiquen la asamblea; junten a los ancianos del pueblo, reúnan a los pequeños y a los niños del pecho." Nuestros infantes pueden tomar parte de la adoración del Señor.

Anna tenía trece meses de edad cuando empezó a levantar sus manos y a aplaudir al alabar a Yeshúa. A veces, cuando escuchaba música, automáticamente levantaba sus manos como que si pensaba que el propósito de la música era alabar a Yeshúa. Los niños, empezando en su infancia, pueden ver que el verdadero propósito de la música es en efecto, alabar a Adonai.

En nuestro hogar, hemos puesto música de alabanza alegre y hemos pasado momentos felices juntos alabando al Señor. Nos gusta marchar alrededor de la sala y el comedor, aplaudiendo y agitando nuestras manos, y a veces usamos instrumentos, mientras adoramos al Señor con mucho entusiasmo. Mi hijo Nehemiah, disfruta cuando toma turnos con sus hermanos para guiarnos mientras alabamos al Señor marchando (y a veces corriendo) alrededor de la sala y comedor. Nuestra relación con el Señor, nuestra actitud, y nuestro comportamiento, contribuyen a un ambiente edificante en el hogar, un factor importante en la instrucción de nuestros niños.

Capitulo 17

La Etapa de la Niñez

Tan pronto un infante empiece a ejercer su propia voluntad, el puede ser considerado un niño. La etapa de la niñez sigue hasta aproximadamente los doce años de edad. Al discutir la relación entre padre e hijo, proveeré puntos específicos para poder tratar con nuestros hijos como niños entre las edades de quince a treinta y seis meses, niños de edad pre-escolar (tres a seis años), y los niños de edad escolar primaria (seis a doce años).

Nuestros hijos tienen un deseo intrínseco para complacernos. Ellos quieren saber que estamos encantados con ellos. Porque la relación de un niño con su padre ayuda a formar su perspectiva de su padre celestial, Dios, nosotros necesitamos ser responsivos.

Claramente no hay un padre perfecto; sin embargo, necesitamos hacer todo el esfuerzo para imitar a nuestro padre celestial a través de la constancia de nuestro amor, el establecimiento de límites, y al comunicar nuestra aceptación en vez de criticar. Al caminar de esta manera, nosotros ayudamos a nuestros hijos a obtener una visión equilibrada de nuestro Dios, que es a la vez amoroso y justo en todo aspecto.

Al entrar los años de la escuela primaria, la relación entre padre e hijo y madre e hija es muy importante. El niño debe pasar tiempo haciendo cosas con su padre, aprendiendo a identificar con él en el proceso. De misma manera, la hija debe formar una fuerte identificación con su madre.

Lo anterior supone que ambos padres están en el hogar. El diseño bíblico es que dos padres entregados estén en el hogar para el beneficio de los hijos. Muchos de los males en nuestra sociedad pueden ser atribuidas a la ruptura de la estructura familiar en nuestros hogares. Yeshúa mismo declaró con respecto a la importancia de la unidad en entre esposo y esposa: "Por lo tanto, nadie deberá separar lo que Dios ha unido" (Marcos 10:9).

Nuestro pacto matrimonial es sumamente importante para el desarrollo saludable de nuestros hijos. Esposos y esposas deben guardar sus corazones hacia cada uno. Los esposos, en particular, deben evitar la aspereza de la voz y las acciones que puedan romper a una familia. De otra manera, la violencia resonará en los corazones de nuestros hijos. Debemos darnos cuenta que la calidad de nuestra relación con nuestros hijos está intrínsecamente ligada a la calidad de nuestra relación como esposo y esposa.

Sin embargo, la realidad es que muchos niños no tienen a ambos padres viviendo en el mismo hogar. En esta situación, pasos deben ser tomados para el bienestar del niño. Salmos 68:5 anima aquellos que no tienen padre que Dios será un "padre de los huérfanos." Como director, he sido testigo de varias situaciones en la cual adultos piadosos se han dedicado a tomar un papel en la vida de un niño cuando uno o ambos padres biológicos han abdicado su responsabilidad. Y he observado que Dios, a través de su misericordia, ha redimido las vidas de los jóvenes durante situaciones familiares difíciles.

Nunca debemos olvidar que Dios nos ha dado la autoridad necesaria para cumplir con nuestra misión como padre. En nuestra relación con nuestros hijos somos, ante todo, los padres de nuestros hijos. Debemos resistir la tentación de ser "amigo" de nuestro hijo, de manera inmadura, incluso egoísta. Para poder ser eficaz, debemos proveer el control externo para nuestros hijos hasta que ellos hayan desarrollado el control interno para poder caminar en obediencia.

Durante la etapa de la niñez, el énfasis debe estar en poder educar a nuestros hijos en la disciplina de manera consistente y llena de amor. Proverbios 3:11–12 dice, "Hijo mío, no desprecies la disciplina del Señor, ni te ofendas por sus reprensiones. Porque el Señor disciplina a los que ama, como corrige un padre a su hijo querido." Los padres que aman y deleitan en sus hijos serán fieles a disciplinar a sus hijos para que ellos puedan tener éxito en la vida. Como se discutió previamente, nuestros hijos, por naturaleza, pueden ser egocéntricos. Nuestros hijos naturalmente querrán hacer lo que ellos quieren. Nosotros, los padres, debemos controlar esta tendencia.

Hasta que un control interno (la fe) sea establecida dentro de nuestros hijos, ellos están bajo la ley de sus padres. Durante la etapa de la niñez, el énfasis debe estar en *que* hacer. Que sea sencillo. Nosotros debemos decirle a nuestros hijos exactamente que hacer y a la vez enseñarles una verdad bíblica muy sencilla que proporciona la razón del comportamiento correcto.

Si les enseñamos adecuadamente, la obediencia consistente debería ocurrir entre las edades de ocho y doce. Al enseñarles a nuestros hijos, el castigo corporal pueda que sea necesario con frecuencia. Si nuestros hijos necesitan ser castigados corporalmente como resultado de la rebeldía, rabietas, o porque han lastimado a alguien físicamente, entonces nosotros debemos administrar la disciplina necesaria. Por otra parte, no debemos amenazar a nuestros hijos, como castigarlos corporalmente en algún tiempo futuro. Estas amenazas vanas disminuyen el respeto del niño hacia su padre y lo incitan a desobedecer otra vez, especialmente si las amenazas no se imponen.

Si nuestro hijo tiene la costumbre de mentirle a las autoridades, debemos averiguar el por qué. Tal vez se deba a la forma en que nosotros, como padres, reaccionamos cuando él hace algo mal. Es muy importante que nosotros evitemos severas reacciones que comuniquen "Yo quiero que mi hijo sea perfecto" en la cual nuestro hijo se siente avergonzado ante nosotros u otros si hace algo malo y el hecho viene a nuestra atención. Si reaccionamos con dureza frecuentemente, terminaremos enseñando a nuestro hijo a mentir para evitar nuestra ira.

La pregunta para nosotros es, "¿Tenemos de verdad una relación de confianza con nuestros hijos?" No debemos caer víctimas del argumento que dice, "la calidad de tiempo es más importante que la cantidad de tiempo" cuando se trata de pasar tiempo con nuestros hijos. Ambos son necesarios. Mientras van creciendo nuestros hijos al igual que sus influencias externas, nos podemos preguntar, "¿Conocemos a nuestros hijos? ¿Querrán nuestros hijos que los conozcamos? ¿Nos conocen ellos a nosotros? ¿Será que nuestra relación está basada en la comunicación abierta?" No deberíamos hacer suposiciones sobre lo que puede o no puede estar ocurriendo en los corazones y las mentes de nuestros chiquitos. Debemos *saber* lo que está pasando en sus vidas.

Dios nos incita a ser ejemplos consistentes de Yeshúa para nuestros hijos llenos de "gracia y verdad" (Juan 1:14). Nunca seremos ejemplos perfectos de Yeshúa. Sin embargo, debemos caminar consistentemente en ese balance de gracia y verdad, al formar una relación cercana de confianza con nuestros hijos.

Inevitablemente, los padres con varios hijos tienen que enfrentar el tema de rivalidad entre hermanos. A menudo este problema surge cuando nuestros hijos empiezan a chismear entre sí. Tenemos que ser proactivos con nuestros hijos acerca de esto, de lo contrario nos cansaremos al escuchar sus acusaciones y denuncias en contra de sus hermanos.

Con nuestros propios hijos, hemos enfatizado la necesidad de la paz y harmonía en el hogar. Recuerdo mi padre diciendo, "Nadie tiene el derecho de perturbar la paz en el hogar." Este principio fundamental es expresado en Efesios 4:2-3: "Sed siempre humildes, mansos y pacientes, soportándoos los unos a los otros con amor y haciendo todo esfuerzo por mantener la unidad que el Espíritu nos da por medio del poder unificador de *shalom*."

Nosotros les decimos a nuestros hijos que no han de venir a nosotros con quejas de sus hermanos a no ser que estén en una situación no segura o si su hermano sigue lastimándolo físicamente después de que ellos hayan "puesto la otra mejilla." Los desafiamos a que no sean como los demás y que "El buen juicio hace al hombre paciente; su gloria es dejar pasar por alto la ofensa" (Proverbios 19:11). Nuestra estrategia es enseñarles a soportarse el uno al otro, pasar por alto las ofensas, y tratar de resolver los problemas de manera que le dé gusto al Señor y sin necesitar la interferencia de los padres.

Si nuestros hijos no están dispuestos a resolver el conflicto entre ellos, mandamos a cada uno a una habitación diferente. Tarde o temprano, ellos desean contacto con sus hermanos y no el aislamiento. La condición por la cual pueden salir de su habitación es que estén dispuestos a resolver el problema de forma pasiva.

Nuestros hijos deben aprender a ser responsables, y esto incluye trabajo rutinario en la casa. El uso de una tabla de trabajos les da una forma de formar "precepto por precepto." Podemos hacer que nuestros hijos se enfoquen en dos a cinco trabajos a la vez, dependiendo de su edad. Los padres pueden colocar una estrella por completar una tarea con éxito, tal como tender la cama, limpiar su cuarto, o limpiar la mesa de comedor. De esta manera ellos ganan un sentido de responsabilidad por tomar parte en el mantenimiento de la casa.

Los Niños Entre las Edades de Quince a Treinta y Seis Meses

Génesis 33:13-14 habla de la ternura de los niños, lo cual avanzan en un ritmo más lento que los adultos. No debemos manejar a nuestros hijos fuertemente, pero guiarlos con ternura.

La etapa entre las edades de 15 y 36 meses es fundamental para formar la confianza personal y empezar a tomar iniciativa. Si la madre es despótica, ella impedirá que el niño desarrolle confianza en sí mismo. Nosotros necesitamos tener expectativas realísticas de ellos. Muchas veces, el hijo primogénito desarrolla tendencias perfeccionistas como resultado de las expectativas poco realistas de sus padres con poca experiencia. En lugar de fijarnos en la perfección de nuestros hijos, debemos centrarnos en el fortalecimiento del autoestima de nuestro hijo a través de la comunicación positiva. Esto no quiere decir que no es necesario proveer la educación consistente que es necesaria; solo quiere decir que mientras estamos proveyendo instrucción también debemos expresar mucho favor y así podremos fortalecer su auto estima.

Un aspecto importante que no debemos olvidar mientras amamos a nuestros hijos es proveer la formación a través del control apropiado. Los proverbios que mencionan el uso de la varilla toman un significado especial durante esta temporada. Es muy importante establecer límites. Si nuestro niño muestra rebeldía abiertamente, el debería recibir una nalgada ligera con la varilla.

Necesitamos un ambiente de paz en el hogar. No deberíamos permitir que programas de televisión o música dudosa llenen los corazones y las mentes de nuestros hijos. En vez, deberíamos pasar el tiempo leyéndoles a nuestros hijos historias bíblicas con ilustraciones o cuentos que fortalecen el carácter humano.

Proveyendo a nuestro hijo oportunidades para socializarse con otros niños guiará su desarrollo. A los dos años de edad, ellos ya tienen la confianza necesaria para desarrollar relaciones sociales con otros niños. Deberíamos requerir que ellos compartan sus juguetes mientras juegan con sus amigos y hermanos. Esto se debe a que los principios de altruismo, el compartir, y los resultados negativos de robar, se establecen durante esta etapa. Modelando el comportamiento de compartir ante nuestros hijos, así como elogiarlos por compartir, ayudarán a nuestros hijos a crecer. Cuando nuestro niño agarra un juguete de las manos de otro niño, el debería recibir un ligero recordatorio físico que comunica que este comportamiento no es aceptable.

La Edad Pre-Escolar (Tres a Seis Años)

En esta etapa seguimos con el énfasis en la disciplina, incluyendo el control y el castigo corporal, si es necesario. A los tres o cuatro años de edad, los niños expresan su ira a través de las rabietas. Nosotros debemos contener estas manifestaciones de ira. Es muy importante que no cedamos a estas demostraciones. Si los niños se dan cuenta que pueden salirse con la suya, ellos pensarán que las rabietas son una forma eficaz para conseguir lo que desean y seguirán usando las rabietas para hacerlo. Debemos esperar la posibilidad de un conflicto cuando nuestros hijos no se salen con la suya. Y es importante ganar estas batallas para que nuestros niños sean criados apropiadamente.

Podemos aplicar Isaías 28:9–10 a la instrucción de nuestros niños entre las edades de quince meses hasta los seis años de edad:

> ¿A quién creen que están enseñando? ¿A quién le están explicando su mensaje? ¿Creen que somos niños recién destetados, que acaban de dejar el pecho? Niños que

repiten: "a – b–c–ch–d, a–e–i–o–u, un poquito aquí, un poquito allá?"

Este pasaje demuestra como empezar a instruir a nuestros hijos de edad pre-escolar, unos recién destetados—a través de la repetición, dejando que cada regla apoye la regla que le predecía. Debemos instruir a nuestros niños pre-escolares de paso a paso, de manera progresiva. A menudo sentiremos como que si nuestros esfuerzos van tres pasos para adelante, y dos pasos para atrás. Yo se que mi esposa se sentía así cuando estaba entrenando a nuestros hijos usar la taza de baño. Sin embargo, ¡no disfrutaremos de la recompensa si nos damos por vencidos!

Los niños de edad pre-escolar necesitan ayuda para aprender como cuidarse. Les debemos ofrecer su independencia progresivamente al dejarlos que ellos coman sin nuestra ayuda, que ellos se vistan, y aprendan a usar la taza de baño. También, cuando nuestros hijos tengan aproximadamente cuatro años, podemos darles pequeños versículos bíblicos para memorizar.

Los primeros seis años de vida de nuestros hijos son particularmente importantes. Yeshúa comunicó la importancia de los pequeñitos claramente:

La gente le estaba trayendo los niños a él para que los pudiese tocar, pero los *talmidim* reprendieron a esas personas. Sin embargo, cuando Yeshúa lo vio, se sintió indignado y les dijo: "Dejad a los niños venir a mí, no se lo impidáis, porque el Reino de Dios le pertenece a los que son como estos. ¡Sí! ¡Os digo que a cualquiera que no reciba el Reino de Dios como un niño no entrará en él!" Y él los cogió en sus brazos, puso sus mandos sobre ellos, y pronuncio un *b'rahkah* sobre ellos (los bendijo). (Marcos 10:13-16)

Los niños están exclusivamente preparados a entrar al Reino de Dios debido a su receptividad y su fe. A la edad de seis años, los niños estarán listos para experimentar el perdón del Señor a través de Yeshúa: "Pero a todos los que le recibieron, a aquellos que depositaron su confianza en su persona y poder, les dio el derecho a convertirse en hijos de Dios" (Juan 1:12).

Cuando Caleb tenía cuatro años de edad, Silvia tuvo una plática con él lo cual lo incitó a recibir a Yeshúa como su Salvador.

¡El estaba bien emocionado y llamó a varios amigos, familiares, y maestros para darles las buenas noticias! Uno de sus amigos era una niña de tres años de edad. Más tarde nos dimos cuenta que, después de que Caleb le habló a la niña, su mamá habló con ella acerca de lo que era recibir a Yeshúa en su corazón. La niña luego invitó a Yeshúa a su vida y lo aceptó como su Salvador. La alegría de Caleb a convertirse en un hijo de Dios y su deseo de compartir las buenas nuevas con otro ser resultó en que el Reino de Dios se expandiera dentro del corazón de otro ser. Como padres, necesitamos estar conscientes de la necesidad de compartir las buenas noticias del Mesías Yeshúa con nuestros hijos durante sus pequeñas edades.

La ciencia ha notado la importancia de la formación desde el nacimiento hasta los seis años. "Basado en sus estudios, mucho psiquiatras estiman que aproximadamente 85 por ciento de la personalidad de un adulto es formada al llegar a la edad de seis años" (Meier, 45). Al demostrar amor y al ejercitar una disciplina consistente a través de los primeros seis años de vida de nuestros hijos, podremos lograr que nuestra vida sea un poco más agradable para los siguientes catorce años.

Los Años de la Escuela Primaria (Seis a Doce Años)

Nosotros debemos seguir con la disciplina durante los años de primaria de nuestros hijos. Si sigue siendo necesario, use la varilla y las sanciones correspondientes. "Cuando no se ejecuta rápidamente la sentencia de un delito, el corazón del pueblo se llena de razones para hacer lo malo" (Eclesiastés 8:11). Porque la capacidad de atención de un niño de esta edad es relativamente corta, la sanción por haber hecho mal debe ser impuesta pronto.

Una mamá que se queda en casa para cuidar a sus hijos no debería esperar que su esposo regrese a casa para que el administre la sanción. Tampoco debemos de sancionar usando eventos venideros como la sanción (prohibiendo una actividad que se llevará a cabo en unos días, por ejemplo). Estas estrategias solo causarán resentimiento y le darán tiempo al niño para pensar en otros males, tal como indica Solomón, mientras olvidan la razón por la sanción en el primer lugar. El mejor método es una sanción correspondiente ligera por la infracción. Así el pecado es perdonado, la sanción se termina rápidamente, y los niños se sienten restaurados a la familia rápidamente. Pronto continuarán felizmente con su día.

Debemos recordar de mantener la calma y ser consistentes. Cuando los padres no logran ser consistentes, es porque proveen la "disciplina" según su estado emocional. En lugar de actuar basado en un principio, toleran el mal comportamiento por tratar de ser pacientes. Sin embargo, eventualmente terminan abusando de sus hijos verbalmente y aun físicamente. Cuando disciplinamos a nuestros hijos, es muy importante comunicarse con calma. Nunca debemos gritar o avergonzarlos. Si somos consistentes y mantenemos la calma, nuestros hijos sabrán lo que esperamos de ellos y sentirán seguridad dentro esa estructura.

Proverbios 6:16–19 menciona varios comportamientos que debemos enseñarle a nuestros hijos que eviten:

> Hay seis cosas que el Señor aborrece, y siete que le son detestables: los ojos que se enaltecen, la lengua que miente, las manos que derraman sangre inocente, el corazón que hace planes perversos, los pies que corren a hacer lo malo, el falso testigo que esparce mentiras, y el que siembra discordia entre hermanos.

Debemos esperar que nuestros hijos respeten sus autoridades y que no enaltezcan sus ojos. Ellos deben evitar la decepción y rendir cuentas de la verdad. Ellos deben buscar hacer lo que es correcto en vez de buscar hacer el mal. Debemos enfatizar y esperar buenos modales. Ellos deben contribuir a un espíritu de unidad entre sus hermanos, entre sus compañeros de la escuela, y entre sus vecinos.

Los niños de edad escolar primaria a veces juegan favoritos con sus amigos, dejando a otros afuera de su grupo. Debemos tratar esta tendencia seriamente como un ejemplo que quiebra la Regla De Oro. Es importante resistir nuestras tendencias naturales de tomar ofensa de parte de nuestros hijos o sentirnos mal por ellos a esta edad. Santiago 3:17–18 dice, "Pero la sabiduría de lo alto es, para empezar, pura y apacible, bondadosa, dispuesta a razonar, llena de misericordia y buenos frutos, sin parcialidad y sin hipocresía. Y los pacificadores que siembran las semillas de paz recogen una cosecha de justicia." Los padres que instruyen a sus hijos según las Escrituras enafatizarán la necesidad de caminar en paz y cosechar la paz con otros. Debemos comprender el hecho que nuestros hijos pueden ser tacaños y mala gente con otros, ya sea que estén jugando baloncesto durante el recreo en la escuela o montando sus bicicletas en el vecindario. Debemos inculcar a nuestros hijos que caminen en harmonía con otros y que sean pacificadores entre sus vecinos y amigos de la escuela.

Podemos utilizar las pruebas inevitables que enfrentan nuestros hijos para ayudar a desarrollar su carácter: "Consideradlo todo como gozo, mis hermanos, cuando os enfrentéis con diferentes clases de tentaciones; porque sabéis que la prueba de vuestra fe produce perseverancia. Pero dejad que la perseverancia haga su obra completa, para que vosotros podáis ser completos y enteros, sin que os falte nada" (Santiago 1:2-4). Si nuestro hijo está tratando con un maestro pesado, por ejemplo, podemos sacarlo de la clase para ya no tener a ese maestro o podemos ver esta situación como una oportunidad. Podemos alentar a nuestro hijo que siga respetando la autoridad del maestro, que se haga responsable por su propio comportamiento, que busque maneras para servir al maestro, que ore por su maestro, y que lo siga tratando con una actitud piadosa. A través de este tipo de experiencia, nuestros hijos estarán aprendiendo a perseverar, y entendiendo que pueden superar situaciones adversas.

Nosotros podemos preparar a nuestros hijos a hacerle frente a los conflictos en una manera pactada. Mateo 18:15-16 dice:

> Es más, si tu hermano comete un pecado en contra tuya, ve y muéstrale su falta, pero en privado, solo entre vosotros dos. Si él no escucha, llévate a uno o dos más contigo de manera que cada una de las acusaciones pueda ir apoyada por el testimonio de dos o tres testigos.

Cuando alguien molesta a su hijo, ya sea verbalmente o físicamente, usted puede enseñarle a su hijo que vea esta situación con una actitud adecuada y que le pida a la persona que deje de molestar. Si la persona no cesa de molestar a su hijo, su hijo debe pedir que otra persona lo acompañe, ya sea un padre o maestro, para enfrentar a esta persona. Si usamos este proceso, su hijo no debería sentir que es un "chismoso". El simplemente está usando el proceso bíblico para resolver un conflicto personal. Si les enseñamos esto a nuestros hijos, ellos beneficiarán inmensamente de esta habilidad.

Generalmente, durante la edad de escuela primaria nuestros hijos desean complacernos. Nuestro ejemplo sigue siendo muy importante. Devociones familiares deben ser un componente básico de nuestra vida en el hogar. Durante esta época, es necesario recordar la capacidad de atención de nuestros pequeños (cinco a quince minutos) y debemos ser espontáneos y creativos.

A estas alturas nuestros hijos pueden desarrollar una relación sincera con nuestro Padre; ellos pueden aprender a escuchar la voz de Dios a través de las Escrituras, durante tiempos a solas con el Señor, y en sus oraciones. Es importante que nosotros fomentemos estas actividades espirituales.

Debemos aprovechar las habilidades académicas que nuestros hijos van aprendiendo en la escuela primaria. Podemos animar a nuestros hijos que lean libros sanos, incluyendo lectura bíblica a diario. Podemos establecer un sistema regular de memorización de versículos apropiados para sus edades, y ofrecer una recompensa por aprender y recitar el pasaje a una persona de la congregación. Mis padres hacían esto conmigo cuando era pequeño. De esta manera, la Palabra de Dios fue inculcada en mi corazón a temprana edad.

Es más, las técnicas de estudio deben ser desarrolladas, con la práctica constante y el repaso. Debemos estresar la importancia que tiene el completar las tareas. Es necesario tener un tiempo definido cada día dedicado al estudio en un lugar específico, esto reforzará la importancia de ser consistentes y trabajar duro en lo que hacemos. Nosotros debemos trabajar con nuestros hijos, apoyando al igual que retando a que ellos cumplan con expectativas razonablemente altas mientras nosotros levantamos los cimientos para una fuerte ética de trabajo.

Debemos ofrecerles a nuestros hijos oportunidades para participar con otros para que ellos entiendan la importancia de trabajar en equipo. Juegos en grupo que fomentan la confianza en otros, al igual que deportes de equipo, pueden servir de mucha ayuda con la dirección apropiada de un adulto. Al solidificar estas áreas de su carácter, nuestros hijos podrán desarrollar sus habilidades de liderazgo.

También, la educación acerca de asuntos sexuales deber tomar lugar durante los años de escuela primaria y debe ocurrir en casa. Nosotros debemos contestar las preguntas que nuestros hijos nos hacen sobre temas sexuales de forma objetiva, verdadera, y de manera no bochornosa.

Influencias fueras de nuestro hogar deberían ser consideradas según los mandatos bíblicos para enseñar a nuestros hijos según la palabra de Dios. Nuestros hijos deben ver que nuestro compromiso a ser parte del Cuerpo del Mesías, a través de nuestra congregación, es de suma importancia en nuestra vida familiar. Debemos escoger una congregación donde se enseña la Palabra de Dios y que sea un lugar donde podemos formar fuertes relaciones dentro de la familia de Dios. Nuestros hijos deben ser testigos de que nuestro compromiso con la iglesia no es para ser servidos sino para que nosotros sirvamos al Señor y a los demás. Debemos enseñarles a nuestros hijos a alabar al Señor durante el tiempo de alabanzas, a escuchar la predicación de la Palabra de Dios, y aplicar lo que dicen las Escrituras a su vida.

A la luz de la creciente secularización de la educación en este país, padres deben considerar educar a sus hijos en el hogar. Por el otro lado, sería bueno considerar inscribir a sus hijos en una escuela que integra las Escrituras a su currículo, que sistemáticamente enseña el desarrollo del carácter piadoso, y en la cual sus maestros aprecian y proveen la disciplina con amor. Como un educador, este tema toma un lugar muy especial en mi corazón. Son muchas las horas de cada día que nuestros hijos se dedican a los asuntos escolares. Como hemos visto en el *Sh'ma*, Dios nos incita a educar a nuestros hijos todo el día según su Palabra. Nosotros, los padres, necesitamos entender que las escuelas ya no son un establecimiento neutro donde toma lugar el aprendizaje. Muchas escuelas se han convertido en instituciones de adoctrinamiento humanista secular, a menudo en nombre de la tolerancia. Porque los niños son tan impresionables, los padres deben considerar la situación de la educación escolar a través de la oración. De lo contrario, sus esfuerzos en el hogar pueden ser diluidos o incluso frustrados durante el día.

Finalmente, los campamentos de verano con objetivos bíblicos pueden otorgarles a los niños una experiencia llena de actividades emocionantes, ejercicios saludables, y la oportunidad de desarrollar amistades mientras escuchan las buenas nuevas y fortaleciendo su caminata con el Señor. Yo tuve muchas experiencias positivas en el campamento. Yo me encontré con Dios a través de la alabanza y la adoración, y aprendí más acerca de mi relación con él a través de las predicaciones de la Palabra. Yo también recibí mi primer llamado del Señor en un campamento.

La Transición de Niñez a la Adolescencia

De manera que los niños dejan la etapa de niñez y entran a la adolescencia, el énfasis gradualmente cambia de entrenamiento y control hacia instrucción y razonamiento. Al entrenar e instruir a nuestros niños, el énfasis es en el "que". Al entrenar e instruir a nuestros adolescentes, el énfasis cambia hacia el "porque". Los adolescentes se han desarrollado hasta llegar a un punto en la cual ellos tienen mayor comprensión de las razones detrás de los estándares, y nosotros debemos tomar el tiempo para explicar los principios bíblicos para el comportamiento correcto.

Si nuestros hijos han sido instruidos adecuadamente durante la etapa de niñez, ellos podrán, con madurez, aceptar los estándares que les hemos enseñado. Los estándares serán parte de su carácter y ellos necesitarán menos y menos control de parte de nosotros, los padres.

Capitulo 18

La Etapa de la Adolescencia

La adolescencia incluye las edades entre doce o trece hasta los diecinueve o veinte. Las desarrolladas habilidades de razonamiento de nuestros adolescentes les permiten tener unas experiencias nuevas con sus padres y maestros. Lucas 2:41-52 nos da una excelente ilustración de la transición de Yeshúa hacia la adolescencia:

> Cada año los padres de Yeshúa iban a Yerushalaim para la fiesta de *Pesach*. Cuando tenía doce años de edad, fueron para la fiesta, tal y como requería la costumbre. Pero cuando se hubo acabado la fiesta, cuando sus padres regresaban, Yeshúa permaneció en Yerushalaim. Ellos no se dieron cuenta de esto, suponiendo que estaba en alguna parte de la caravana, pasaron todo un día por el camino buscándole entre su familiares y amigos. Pero no pudiendo encontrarle, regresaron a Yerushalaim para buscarle. Le encontraron al tercer día, sentado en el patio del Templo entre los rabinos, no solamente escuchándoles, sino preguntándoles acerca de lo que decían; y todos los que le oían se quedaban asombrados por su discernimiento y sus respuestas. Cuando sus padres le vieron, se quedaron horrorizados y su madre le dijo: "¡Hijo! ¿Por qué nos has hecho esto? ¡Tu padre y yo estábamos muy preocupados buscándote! El les dijo a ellos: "¿Por qué me habéis buscado? ¿Es que no sabíais que tenía que interesarme en los asuntos de mi Padre?" Pero ellos no

> entendieron lo que él quiso decirles. De manera que fue con ellos a Natzeret y fue obediente a ellos. Pero su madre guardaba todas estas cosas en su corazón. Y Yeshúa creció en sabiduría y en estatura, ganándose tanto el favor de otras personas como de Dios.

A los doce años, Yeshúa había desarrollado un deseo intrínseco de aprender de los rabinos. Sus capacidades para razonar eran tal que podía hacer preguntas perspicaces y también respondía a las preguntas con profundidad de pensamiento. Su comportamiento mostraba su independencia que crecía; sin embargo, sus actos no eran unos de rebeldía. Su independencia había nacido de un buen entendimiento de su razón por ser, su propósito.

Al mismo tiempo, Yeshúa mantuvo una actitud de obediencia y honor hacia sus padres; el caminó bajo su autoridad. Al vivir de esta manera como un joven, su sabiduría, su estatura, y su favor con Dios y los demás, aumentó grandemente.

La Relación Entre el Padre y el Adolescente

En la tradición judía, desde los doce años de edad, los jóvenes son tratados según un estándar diferente. A través del bar mitzvah (para los hombres) y el bat mitzvah (para las mujeres), los adolescentes entran a una nueva etapa de sus vidas en la cual ellos son otorgados más responsabilidades al igual que nuevas libertades. El resultado de este rito de iniciación es una oportunidad más grande para que los padres hablen hombre-a-hombre con sus hijos y las madres hablen de mujer-a-mujer con sus hijas. Es aquí cuando nosotros, los padres, encontramos una buena lección.

Esta nueva relación que estamos desarrollando con nuestros adolescentes debe ser positiva. Nosotros podemos aceptar y confiar en nuestros adolescentes. Comprendiendo a nuestros adolescentes les ayudará perseverar a través de cambios serios en sus vidas. Lo que sigue son unas "Sugerencias para Relacionarnos con Adolescentes de Manera Positiva:"

1. Trate cualquier problema en privado.
2. Comunique lo que cree es el problema lo mas pronto posible.

3. Diga lo que le da gusto primero. Evite lenguaje directo y despectivo.
4. Comunique lo positivo primero; evite atribuir los motivos.
5. Evite las comparaciones con otros.
6. Olvídese del pasado y trate con el presente.
7. Trate con una queja a la vez.
8. Juntos hagan una lluvia de ideas para buscar opciones y soluciones.
9. Tenga paciencia si hay una reacción severa.
10. Dele a sus adolescentes un tiempo para tratar con la situación.
11. Sea una persona de recursos.
12. No se altere la primera vez que ellos no logren algo.
(Switzer y Switzer, "Seminario: El Trabajo Como Padre es Una Aventura" 79a)

Mientras comunicamos amor y aceptación, nosotros debemos asegurarnos que nuestros jóvenes comprendan los estándares. De hecho, nuestra relación con nuestros adolescentes debería ayudarnos a ser reales con ellos acerca de las malas influencias de este mundo. Podemos animarlos a entender que hay una manera de alejarnos de estas situaciones y que ellos pueden ser ejemplos de virtud. Cuando hemos ganado el respeto de nuestros hijos, hemos puesto una fundación para la receptividad a nuestro consejo, aun hasta sus años como adultos.

La relación con nuestros adolescentes nos otorga una voz en sus vidas. Esto nos ayuda a hablarles verdades acerca de nuestra responsabilidad personal, caminando en pureza, y rechazando la autocompasión ante la vida de nuestros adolescentes. Un aspecto muy importante que debemos monitorear es la actividad de nuestros hijos en los diferentes medios de comunicación, tal como el Internet. Como director de una escuela, he tenido que comunicarme con varios padres acerca de las comunicaciones en línea de sus adolescentes. Muchos padres no tienen idea de lo que hacen sus hijos en el Internet. Sin embargo, teniendo una relación cercana con nuestros hijos nos ayudará a hablar acerca de este tema y, por consiguiente, el tema más importante que es lo que significa seguir a Yeshúa y mantener sus mandamientos.

Manteniendo la Comunicación Abierta

Es muy importante que hagamos un buen esfuerzo para mantener la comunicación abierta con nuestros hijos. Amos 3:3 dice, "¿Pueden dos caminar juntos sin antes ponerse de acuerdo?" Cuando un adolescente parece estar apartándose de la familia, uno de los padres debe tomar el tiempo para hablar, escuchar, y alentar a su hija o hijo. La relación del padre es particularmente importante para la hija, y la relación de la madre con su hijo es de suma importancia. En efecto, podemos ganar una perspectiva a como un joven se va relacionar con su esposo o esposa según el tipo de relación que él o ella tiene con el padre del sexo opuesto.

Los jóvenes buscan liderazgo que tenga valor. Si no lo encuentran en el hogar, lo buscarán en otros lugares. Nosotros debemos mantenernos relevantes e influyentes en sus vidas como adolescentes. Podemos centrarnos en la Palabra de Dios como la fuente de nuestros principios de nuestra vida familiar en vez de batallar entre nuestras opiniones y las de ellos. Habrán ocasiones en la cual tendremos que incitar a nuestros adolescentes que traten con la Palabra de Dios acerca de un tema en vez de pelear con nosotros acerca de ese tema. No obstante, sin importar lo que digan sus expresiones externas, nuestros adolescentes valoran nuestra opinión. ¡Usen esa voz! "Aun los adolescentes, a pesar de sus protestas al contrario, aprecian la mano firme. Ellos pueden decepcionarse cuando sus padres caen rendidos a sus demandas" (Donin, 62). Sus adolescentes buscan liderazgo y dirección, aun cuando profesan lo opuesto.

Al ser fiel a adoptar la Palabra de Dios como nuestra guía para vivir, nuestros jóvenes serán influenciados a tomar sus decisiones basadas en verdades. Contrario a lo que ellos comuniquen a través de su lenguaje corporal, lo que usted les diga tendrá un mayor impacto a lo que cualquier otra persona les diga, especialmente si nos empeñamos a ser parte de sus vidas. Dios nos puede usar a nosotros para hablarle a la conciencia de nuestros adolescentes mientras ellos buscan a tomar las decisiones correctas.

A la misma vez, debemos estar preparados a recibir la verdad de nuestras propias vidas cuando las comuniquen nuestros adolescentes. Por ejemplo, un hijo llegará a un punto de hermandad con su padre en la cual puede hablar hombre-a-hombre con él. Al ser confrontado por su hijo, un padre necesita recibir esas palabras, en vez de ponerse a la defensiva. Necesitamos permitir que nuestros jóvenes nos confronten. Mi padre nos dijo a mis hermanos y a mí, "Sabré que ya son hombres cuando me puedan confrontar sin ninguna onza de tensión en sus voces." Aunque estas palabras me incitaron a ascender como un hombre, he sido bendecido con un padre que acepta ser confrontado por sus hijos. Este tipo de responsabilidad inversa es un indicativo de la gran humildad de un padre que nace de un deseo sincero de tener una relación verdadera con sus hijos como adultos.

Debemos ser ligeros a aceptar nuestras propias faltas ante nuestros adolescentes. Debemos rechazar el orgullo a todo costo, porque nos niega enfrentar nuestro propio pecado. Si tratamos de aparentar perfección, eventualmente nuestros adolescentes verán nuestra deficiencia de integridad, se desesperarán, y perderán cierta cantidad de respeto hacia nosotros. Sin embargo, si humildemente aceptamos nuestros pecados, nuestros hijos serán testigos de la realidad, en vez de una hipocresía, en nuestras vidas. Es más, el estándar piadoso en nuestra familia será reforzado (aunque lo hayamos quebrado), y nuestros jóvenes no se quedan con preguntas sin responder. Al traer nuestro propio pecado a la luz, la comunión es establecida de nuevo dentro de la familia, y nuestra familia puede seguir adelante en una dirección positiva.

Sin embargo, es muy importante que cualquier dosis de responsabilidad inversa que nuestros adolescentes comuniquen, sea de una manera que mantenga el honor entre la relación. El mandamiento de honrar al padre y la madre no es uno que debemos tomar ligeramente, sino es uno que debe permanecer en nuestros corazones cada vez que los adolescentes confronten sus padres. Cualquier pregunta debe ser hecha de manera gentil y respetable. El rabino Tzuriel Ta'aseh no otorga dirección acerca del espíritu que debe permanecer durante este tipo de confrontación:

> Si uno ve a su padre cometiendo un pecado...el debe señalar el error a su padre. Sin embargo, no debería retar

> a su padre directamente, de manera que lo insulte...El debe cuestionar el error indirectamente. Por ejemplo, el podría decir, "Padre, veo que estás haciendo esto. ¿Es eso la intención del Torah? ¿Qué opinas acerca de este pasaje en el Torah?" El debe presentar el tema como que si el mismo está dudando y cuestionando, pero no retando. (Ta'aseh 75)

Desafortunadamente, como un joven adulto, yo a veces perdí mi compostura y aun le grité a mi padre. Sin embargo, mis padres estaban dispuestos a darme gracia y me ayudaron a superar mis problemas. Hoy en día, tenemos una relación muy segura y positiva en la cual hay respeto mutuo, admiración, y amor.

Cada joven debería tener como meta, lograr dirigirse hacia sus padres con todo el respeto y honor que ellos se merecen. Ningún adulto debe olvidar el principio de sembrar y cosechar en la vida: la manera que ellos tratan y honran (o deshonran) a sus padres probablemente será la forma en que sus propios hijos los traten cuando ellos mismos sean padres. Aunque cada familia pasa por conflictos durante los años de adolescencia, los padres que han instruido sus hijos adecuadamente vivirán una etapa que enriquece su relación con sus adolescentes.

Enseñando a Nuestros Adolescentes

Con el inicio del razonamiento abstracto durante la adolescencia, nosotros ya podremos comunicarnos en un nivel adulto con nuestros hijos. La varilla solo es necesaria en ofensas excepcionales. Gradualmente, ellos entenderán los beneficios que trae el vivir según la Palabra de Dios.

Con el aumento de privilegios y libertades viene el aumento de responsabilidades. 1 Corintios 13:11 dice, "Cuando yo era un niño, hablaba como un niño, pensaba como un niño, discutía como un niño, pero ahora que me he convertido en un hombre, he dejado atrás las cosas infantiles." Podemos ayudar a nuestros adolescentes entender que este es un tiempo para crecer como los jóvenes que Dios los está llamando a ser. Lo que era de niño ahora debe ser dejado atrás. Un creciente sentido de responsabilidad y madurez debe ser fomentada durante esta etapa.

También podemos ayudar a nuestros adolescentes superar las tentaciones: "porque todo lo que tiene a Dios como su Padre ha vencido al mundo. Y esto es lo que vence al mundo con victoria: nuestra fe" (1 Juan 5:4). Nuestros adolescentes deben de comprender que ellos pueden ser puros al vivir conforme la Palabra de Dios y al guardar la Palabra de Dios en sus corazones. "¿Cómo puede el joven llevar un vida integra? Viviendo conforme a tu palabra. Yo te busco con todo el corazón: no dejes que me desvíe de tus mandamientos. En mi corazón atesoro tus dichos para no pecar contra ti" (Salmos 119:9-11).

Para los hombres el tema de integridad es basado en los deseos del cuerpo. Para las mujeres el tema es guardando su corazón porque de él sale la vida (Proverbios 4:23). Tristemente, unas jóvenes han extrañado el amor de su padre; entonces, ellas buscan el amor de otros y así son vulnerables a cualquiera que tome interés en ellas.

Los padres tienen una responsabilidad clave con sus hijos al igual que sus hijas. Con sus hijos, los padres deben hablarles honestamente acerca de la lucha de los ojos, compartiendo con ellos como pueden superar la tentación del deseo a través de la meditación en la Palabra de Dios, la oración, y la responsabilidad con otros hombres. Y a su hija, un padre debe darle cariño y atención. ¡De esta manera su taza de amor queda llena hasta el tope! La siguiente exhortación de 1 Pedro 5:8–10 debe servir para animar a nuestros jóvenes durante tiempos de angustia:

> ¡Manteneos sobrios, estad alerta! Vuestro enemigo, el Adversario, anda arrogantemente a vuestro alrededor como león rugiente buscando a quien devorar. Resistid en su contra, firmes en vuestra fe, sabiendo que vuestros hermanos por todo el mundo están pasando por la misma clase de sufrimientos. Tendréis que continuar sufriendo un poco de tiempo más, pero después de eso, Dios, que está lleno de gracia, el que os llamó a su gloria eterna en unión con el Mesías, os restaurará, establecerá y fortalecerá, haciendo que os mantengáis firmes.

Cuando era joven, pasé por lo que parecía una prueba crónica. No podía deshacerme de un patrón de pensamientos negativos. El Señor me dio la Escritura anterior un día cuando almorzaba. Desde ese momento en adelante, cuando me sentía atacado en esa área, confesaba su palabra con convicción, y Dios me dio la victoria.

Nuestros jóvenes van a tener que pasar por conflictos similares y ellos pueden aprender a salir victoriosos al dejar que la Palabra de Dios viva dentro de ellos. Mientras que nuestros adolescentes perseveren y maduren a través de estos tiempos de conflicto, ellos ganarán confianza en Dios.

Instruyendo a Nuestros Adolescentes

No deberíamos "relajarnos" durante la etapa de la adolescencia. Nuestra posición como sus maestros principales es de suma importancia. Si no son instruidos, nuestros adolescentes pronto remplazarán nuestras influencias con aquellas de otras personas fuera del hogar.

Los adolescentes que respetan a sus padres recibirán nuestra instrucción fundamental de por vida. Cuando nuestros jóvenes nos respetan, podemos enseñarles a temer al Señor y odiar el mal. Para ampliar este puto, debemos guiar a nuestros jóvenes. Padres que tienen el respeto de sus adolescentes podrán instruirlos en las siguientes áreas: sus vidas espirituales, los temas de integridad, sus relaciones, sus llamados y profesiones, su trabajo, escogiendo amigos, y en el matrimonio. También debemos dejar que nuestros adolescentes hablen acerca de temas sexuales, especialmente con el padre del mismo sexo. Si nuestros hijos no traen estos temas a nosotros, debemos buscar oportunidades para tratar este tema. Manteniendo las vías de comunicación abiertas durante esta época nos ayudará a ser una influencia en sus vidas. Esto beneficiará a nuestros adolescentes y sus vidas futuras como esposos.

Los adolescentes que se han comprometido a seguir a Dios deben desarrollar una vida devocional lo cual incluye la oración habitual y la lectura de las Escrituras. Como administradores de sus vidas, ellos tienen la capacidad de cuidarse ellos mismos y se debe esperar que lo hagan.

Además, 1 Pedro 2:11 exhorta a los creyentes "no cedáis a los deseos de vuestra antigua naturaleza, que lucha contra vosotros." Nuestros adolescentes deben confiar que Dios proveerá por todas sus necesidades, incluyendo sus necesidades sexuales, así como escribió Pablo, "mi Dios suplirá cada necesidad vuestra" (Filipenses 4:19). Según la Palabra de Dios, necesidades sexuales han de ser abastecidas dentro del compromiso entre el esposo y la esposa que es el matrimonio. Nuestros adolescentes deben entender el mandamiento de Dios de no unirnos en yugo desigual en el matrimonio: "No unáis en yugo desigual con los que no creen, porque ¿cómo puede la justicia y la ilegalidad ser compañeras? ¿Qué comunión tiene la luz con las tinieblas?" (2 Corintios 6:14).

Nuestros jóvenes tienen la capacidad de formar decisiones para toda la vida durante esta etapa. Proverbios 3:5–6 provee instrucciones útiles para nuestros jóvenes al buscar la dirección de Dios para sus vidas: "Confía en el Señor de todo corazón, y no en tu propia inteligencia. Reconócelo en todos tus caminos, y él allanará tus sendas." Nuestros adolescentes tienen la energía y visión para hacer una diferencia en este mundo. Si son capturados por Dios durante este tiempo, ellos pueden lograr hacer un impacto que durará por toda una eternidad.

Sin embargo, a veces, para que nuestros jóvenes puedan encontrar su camino, nosotros tendremos que "dejarlos ir" y permitir que Dios haga su trabajo. Debemos dejar que ellos trabajen a través de sus propias incertidumbres y sus temores. Es necesario resistir la urgencia de protegerlos de las dificultades de la vida. Debemos dejarlos buscar a Dios de su propia cuenta. Por un rato nos parecerá que las cosas están precarias en la vida de nuestro joven. Pero debemos dejar que Dios guie a nuestros hijos a través de la pruebas de la vida.

Oseas 12:2–6 describe un joven luchando con Dios:

> El Señor tiene un pleito contra Judá:
> le hará pagar a Jacob todo lo que ha hecho,
> le dará lo que merecen sus obras.
> Ya en el seno materno suplantó su hermano
> y cuando se hizo hombre luchó con Dios.
> Luchó con el ángel, y lo venció;

lloró y le rogó que lo favoreciera.
Se lo encontró en Betel,
y allí habló con él;
¡habló con el Señor, Dios Todopoderoso, cuyo nombre es el Señor!
Pero tú debes volverte a tu Dios,
practicar el amor y la justicia,
y confiar siempre en él.

Debemos permitir que nuestros adolescentes sean sancionados por Dios. A veces ellos buscarán a tener un pleito con sus familiares, incluyendo con sus padres. Pero al quitarnos del camino, al final ellos no tendrán nadie más con quien pelear pero con Dios. Mientras luchan, ellos lo llamarán. Cuando se encuentren cara a cara con Dios, en su presencia regresarán a Él. Su relación con él ahora les pertenece a ellos, y no a nosotros, sus padres. Al final, su vida es restaurada tal como su esperanza es puesta en Adonai.

En 1 Juan 4:18 leemos que "el amor que ha cumplido con su propósito, nos libra del temor." Nuestros jóvenes deben de superar el temor al fracaso y tomar pasos en fe, buscando oportunidades. Dado, van haber tiempos de incertidumbre. Sin embargo, debemos entregar a nuestros adolescentes al Señor y confiar que ellos vencerán: "Vosotros, jóvenes, os he escrito porque sois fuertes, la Palabra de Dios permanece en vosotros y habéis vencido al Maligno" (1 Juan 2:14).

Cuarta Parte

La Visión a Largo Plazo

Como padres, es muy fácil quedar atrapados en el trabajo diario de la formación de nuestros hijos. A veces nos preguntaremos si en verdad estamos progresando. Es muy fácil perder la visión durante el proceso.

Aunque todos los padres desean el éxito para sus hijos, si vamos a criar a nuestros hijos de acuerdo con la Palabra de Dios, vamos a tener que encontrar nuestra motivación en una visión bíblica para lo que pueden ser nuestros hijos al ser adultos.

Mientras lea esta última sección, yo espero que ore y reflexione en lo que es su visión para sus hijos y después tome un tiempo para escribir sus pensamientos. Mi esperanza es que esta sección lo ayude a ganar una visión clara para sus hijos y lo que espera de ellos en el futuro. Espero que estas últimas palabras lo motiven en este gran llamado que es criar ¡campeones para Yeshúa!

Capitulo 19

Jóvenes que se Acuerdan de Su Creador

Eclesiastés 12:1 incita a los jóvenes, "Acuérdate de tu Creador en los días de tu juventud, antes que lleguen los días malos y vengan los años en que digas, 'No encuentro en ellos placer alguno.'" Durante su juventud, es importante que uno se enfoque en desarrollar una relación cercana con el Señor antes de enfrentarse a las presiones de la vida, tal como manteniendo un buen trabajo, pagando las deudas, y siendo responsables por otros. En efecto, la juventud de nuestros hijos es un tiempo de preparación para poder hacer muchas decisiones que duren el resto de sus vidas.

Tres Decisiones Para la Vida

Mi padre me dijo que hay tres decisiones importantes que uno hace durante su vida: su Dios, su pareja de vida, y su llamado para la vida. A menudo yo he retado a los jóvenes entre las edades de doce y dieciséis años que consideren los siguientes ocho años de sus vidas. Les pregunto que edad van a tener en ocho años. Al darse cuenta que su edad va ser entre los veintiuno y veinticuatro años, les digo que los siguientes ocho años de sus vidas de seguro impactarán sus vidas más que cualquier otro periodo de ocho años en sus vidas.

Uno pudiera pensar que es casi injusto que los jóvenes tengan que tomar tantas decisiones en una edad tan joven. Durante su juventud, ellos verdaderamente están poniendo las fundaciones para una vida de bendiciones o una de maldiciones. Adolescentes deben saber esto acerca de sus opciones. Dios le dio opciones a su gente:

> Hoy pongo al cielo y a la tierra por testigo contra ti, de que te he dado a elegir entre la vida y la muerte, entre la maldición y la bendición. Elige, pues, la vida, para que vivan tú y tus descendientes. Ama al Señor tu Dios, obedécelo y se fiel a él, porque de él depende tu vida. (Deuteronomio 30:19–20)

Sea o no que nuestros adolescentes recuerden su Creador en su juventud tendrá un impacto tremendo en las decisiones que hacen y la calidad de sus vidas. Cuando nuestros jóvenes recuerdan su Creador, ellos pueden soportar las tormentas de la vida. Una fe fuerte en Dios los preparará a ponerse de pie al pasar por las pruebas y responsabilidades que trae la vida, incluyendo responsabilidades familiares, presiones financieras, y asuntos de trabajo.

Proverbios 3:18 enfatiza la importancia de la sabiduría piadosa al formar buenas fundaciones en la vida: "Ella es árbol de vida para quienes la abrazan; ¡dichosos los que la retienen!" Podemos usar los muchos consejos de los Proverbios que expresan el corazón del padre hacia su hijo, para animar a nuestros hijos a buscar al Señor y su sabiduría.

Los jóvenes tienen una asombrosa capacidad de ser radicales acerca de la vida y dar su ser para una causa digna. Cuando nuestros adolescentes responden un llamado a dar su vida por el Mesías, ¡déjenlos! Talvés tengamos trepidaciones. Pero debemos ser confortados sabiendo que un corazón entregado a Dios será guiado por Dios. Aunque nosotros les demos consejo piadoso a nuestros jóvenes, debemos dejar que Dios dirija sus pasos.

Cuidando Sus Corazones para Un Futuro en Dios

Recordando al Creador significa consagrar su propio corazón a Dios. Esta pasión por Dios permite que nuestra juventud cuide sus corazones durante un período muy vulnerable en sus vidas. Cuando buscan solo a Yeshúa, esto les ayuda a practicar pureza moral en preparación de una vida de amor y entrega a su pareja de matrimonio. En Proverbios 4:23, el padre le advierte a su hijo, "Por sobre todas las cosas cuida tu corazón, porque de él mana la vida." Debemos exhortar a nuestros adolescentes que cuiden sus corazones y que comprendan que los afectos de su corazón, al final, producen los asuntos de sus vidas.

A menudo, si las affecciones de la gente no son dirigidas hacia el Señor, uno termina con un matrimonio quebrado o con hogares dañados. En mis años como educador, he sido testigo de la triste destrucción que puede ocurrir en las vidas de los jóvenes cuando se enfocan en la relación de novio y novia, en vez de cuidar su corazón para el Señor.

Proverbios 31:10–11 dice, "Mujer ejemplar, ¿dónde se hallará? ¡Es más valiosa que las piedras preciosas! Su esposo confía plenamente en ella y no necesita de ganancias mal habidas." Cuando nuestros jóvenes aman al Señor con todo su corazón y ser, Dios los bendice. Es importante que alentemos a nuestros hijos a confiar en Dios cuando se trata de su pareja, a entender que el plan de Dios es el mejor para ellos, y que oren por su pareja venidera. Cuando Dios trae a esa persona a sus vidas, será como que si han descubierto un gran tesoro.

Una vez alguien me pidió que describiera a mi esposa, Silvia. Yo respondí diciendo que ella es como un tesoro que no se acaba, como un cofre lleno de piedras preciosas en la cual sigo descubriendo joyas de mucho valor. ¡Estoy tan agradecido que mi esposa cuidó su corazón durante su juventud!

Ayudando a Nuestra Juventud Recordar a Su Creador

¿Cómo podemos ayudar a nuestros hijos a recordar su Creador en los días de su juventud? Para empezar, podemos cuidar y limitar las opciones disponibles a ellos. Mateo 7:13–14 dice, "Entrad por la puerta estrecha, porque la puerta que lleva a la destrucción es ancha y la carretera amplia y son muchos los que viajan por ella; pero es una puerta estrecha y un camino duro el que conduce a la vida y pocos son los que lo encuentran."

Éxodo 23:2 ofrece un argumento poderoso para resistir a la presión social: "No imites la maldad de las mayorías" Mi papá nos enseñó a mí y a mis hermanos a buscar alternativas justas cuando nuestros amigos del vecindario nos presionaban a hacer mal. Por ejemplo, ellos nos presionaban a tocar el timbre de los vecinos y después correr a escondernos. En vez de seguir lo que hacían nuestros amigos, podríamos decir, "No, preferimos ir a jugar fútbol."

Cuando los jóvenes son presionados por un líder injusto a hacer el mal, los demás en el grupo saben que es malo y solo están esperando que alguien diga que lo que están a punto de hacer es incorrecto. Cuando alguien tiene el valor de decir algo, la mayoría de los jóvenes querrán seguir y hacer lo correcto también. Esto es particularmente importante para nuestros hijos al entrar a la escuela media.

Invariablemente, nosotros mismos enfrentaremos presión a hacer el mal cuando se trata de mantener a nuestros hijos bajo los estándares bíblicos. Esta presión puede que venga de nuestros propios hijos: "¡Pero todos los otros niños tienen permiso para hacerlo!" Talvés la presión viene de otros adultos, incluso unos de nuestra propia congregación.

Cuando nuestros jóvenes nos desafían con un argumento tal como, "la familia Johnson lo hace", es importante no hacer ningún comentario acerca de la familia Johnson. Sencillamente debemos decir, "Pero nosotros somos la familia Switzer, y hacemos las cosas un poco diferente." Entonces después podemos compartir con nuestros adolescentes el racional bíblico detrás de nuestra posición. Como padres, debemos convencer a los que nos contradicen, que a veces van a ser nuestros propios hijos (Tito 1:9).

Algunas veces, padres temen alienar a sus hijos o "causar que se rebelen" si les dicen que no tienen permiso para hacer algo. En el proceso, nosotros resultamos tomando decisiones basadas en temor, en vez de fe, permitiendo que nuestros hijos hagan cosas que nosotros sabemos que no son buenas para ellos. Como director de escuela, he sido testigo de padres y madres que crían a sus hijos de esta manera. Su motivación es evitar que sus hijos se rebelen. En vez de tomar una posición de fe y ser una persona que valga la pena emular, ellos abdican su papel y ceden a los deseos de sus adolescentes. Ellos empiezan a permitir que ellos tomen parte de actividades cuestionables, actividades que, en su corazón de corazones, saben que no son correctas para ellos. Al final, como dicen las Escrituras, esa carretera ancha es la que lleva a la destrucción (Mateo 7:13).

Debemos ser padres dignos de respeto, líderes que valen la pena seguir. Es imperativo que seamos reales con nuestros hijos y que caminemos con ellos. No debemos abdicar nuestro papel de padre que nos corresponde; debemos caminar muy cercanos a nuestros adolescentes. Debemos ser parte de sus vidas y ser los que estamos allí para escuchar cuando necesiten a alguien. Cuando la oportunidad se presente, estaremos listos para proporcionar ayuda como padre y madre al hablar la verdad.

En el relato de Abraham e Isaac que viajaban al Monte Moria, el pasaje dice, "y los dos siguieron caminando juntos" (Génesis 22:6,8). La imagen de un padre y su hijo caminando juntos es digna notar: Si nosotros estamos caminando con nuestros hijos en una relación basada en la confianza, no tendremos que criar a nuestros hijos con temor; la relación que formamos nos ayudará a caminar en fe, tal como Abraham lo hizo. Dios elogió a Abraham por su fe.

No pierdan la fe, hablen la verdad en amor sin ser legalista, y hagan el camino estrecho para sus jóvenes. Limiten sus decisiones y proporcionen alternativas justas. Nosotros podemos ayudar a nuestros adolescentes entender que hay dos caminos: uno que lleva a la vida y el otro que lleva a la destrucción; y que por amor por ellos queremos guiarlos hacia el camino estrecho de la vida. Debemos ser padres que velamos por el bienestar espiritual de nuestros hijos—especialmente durante sus años de adolescencia—para que ellos puedan caminar bendecidos por ser uno que ¡no olvida a su Creador en su juventud!

Capitulo 20

Líderes Servidores

Lo que me motiva a mí como padre es la visión de mis hijos un día siendo líderes servidores de influencia piadosa en sus familias, en sus congregaciones, y en sus comunidades, vasos guiados por Dios para avanzar a su Reino. Debemos desafiar a nuestros hijos a seguir a Yeshúa como el líder a emular, quien guió con amor, servidumbre, y valentía.

Yeshúa: El Mejor Ejemplo de Liderazgo Servidor

Éxodo 15:13 nos da un ejemplo de cómo el Señor dirige: "Por tu gran amor guías al pueblo que has rescatado; por tu fuerza los llevas a tu santa morada." Lejos de gobernar con mano de hierro, el Mesías eligió gobernar con amor y pidió que sus seguidores le respondieran con amor (Juan 15:9-17).

Cercanamente relacionado al amor es el servicio. Yeshúa expresó la importancia del liderazgo servidor en Mateo 20:25–28:

> Pero Yeshúa les llamó y les dijo: "Vosotros sabéis que entre los Goyim (las naciones) los que supone que los gobiernen se convierten en dictadores. Entre vosotros, no debe ser de ese modo. Por el contrario, ¡quienquiera que entre vosotros desee ser un dirigente deberá convertirse en un siervo, y quienquiera que desee ser el primer, deberá ser vuestro esclavo! Porque del Hijo el Hombre no vino para ser servido, sino para servir—y para dar su vida en rescate por muchos.

¿Qué es la grandeza? ¿Siendo un atleta profesional? ¿Ganando el premio Oscar por ser la mejor actriz? ¿Siendo un político con éxito? Nuestra misión es ayudar a nuestros jóvenes comprender que para ser grande en los ojos de Dios, ellos deben ser líderes servidores. Nuestro desafío es enseñar a nuestros hijos que la grandeza verdadera se encuentra en la servidumbre.

Gálatas 5:13-14 dice, "Porque, hermanos, fuisteis llamados a ser libres. Solo que no permitáis que esa libertad se convierta en una excusa para permitir que vuestra antigua naturaleza se salga con la suya. En lugar de ellos, servíos los unos a los otros con amor. ¡Porque toda la Torah se resume en esta única frase: 'Ama a tu prójimo como a ti mismo.'" La libertad no es una licencia para pecar, pero para bendecir a otros sin restricciones. Debemos inspirar en nuestros hijos la sensación que Dios los ha liberado de estar encadenados o agobiados. Ellos son libres para ser una bendición, para servir a Dios con todo corazón y para servir a los demás.

Yeshúa fue un líder que dio un buen ejemplo. El sirvió. El lavó los pies de sus discípulos. El atendió a sus necesidades. Nuestro Mesías es el Buen Pastor quien da su vida por sus ovejas (Juan 10), y nosotros debemos continuamente afirmar delante de nuestros hijos que hay que guiar, servir, y cuidar por otros tal como Yeshúa lo hizo. Poder ayudar a nuestros hijos llegar a ser adultos y verlos ayudar a esa persona que está sola y sufriendo, eso es grandeza.

Las Escrituras dicen que el que es fiel en las cosas pequeñas será fiel en las cosas grandes. Debemos ayudar a nuestros hijos entender que si ellos desean avanzar en su trabajo, en el liderazgo, y en el Reino de Dios, ellos deben encontrar algo que hacer y ser fiel a eso. Yo le dije a los jóvenes varones de la escuela que si ellos quieren avanzar en su lugar de trabajo, ellos simplemente deben ser fieles a lo que se les ha asignado. Ellos deben asegurarse que su jefe sienta que puede contar en ellos; entonces cuando su jefe tenga un trabajo más grande y necesite a alguien con quien pueda contar, el pensará en ellos. Eventualmente serán promovidos.

Debemos alentar a nuestros hijos a aceptar cualquier regalo que Dios les ha dado y usarlos para servir a otros. Mientras que nuestros jóvenes sean fieles en las cosas pequeñas, Dios los pondrá a cargo de cosas más grandes.

En mi trabajo como director de una escuela y de un campamento, he sido testigo del tremendo impacto que jóvenes pueden tener en sus amigos y a los niños más jóvenes que ellos sirven. Es importante proveerles oportunidades a jóvenes para ejercitar liderazgo servidor. Ayudando a jóvenes prepararse para conferencias, que ellos carguen el peso de la responsabilidad, y luego tomando el tiempo para hacer interrogaciones, son valiosas experiencias de aprendizaje para ellos.

Mientras nuestros hijos aplican la Palabra de Dios a través de sus experiencias, ellos aprenden lecciones de alto valor ya sea que la experiencia sea un éxito o no. Los adolescentes pueden ser incentivados a compartir la Palabra, a testificar acerca de lo que Dios ha hecho en sus vidas, a ministrar a través del drama, a participar en grupos de alabanza, a orar por otros, y utilizar su creatividad dada por Dios para compartir el ministerio con otros. "Bueno es que el hombre aprenda a llevar el yugo desde su juventud" (Lamentaciones 3:27)

El Desafío de Ser Valiente

Cuando Dios llamó a Josué a guiar los israelitas, el lo mandó a ser un líder lleno de valentía y a seguir la Palabra de Dios en todo aspecto de su misión. Dios le dio a Josué una visión para guiar a su gente para tomar la Tierra Prometida:

> Se fuerte y valiente, porque tú harás que este pueblo herede la tierra que les prometí a sus antepasados. Sólo te pido que tengas mucho valor y firmeza para obedecer toda la ley que mi siervo Moisés te mandó. No te apartes de ella para nada; sólo así tendrás éxito donde quiera que vayas. Recita siempre el libro de la ley y medita en él de día y de noche; cumple con cuidado todo lo que en él está escrito. Así prosperarás y tendrás éxito. Ya te he ordenado: ¡Sé fuerte y valiente! ¡No tengas miedo ni te desanimes! Porque el Señor tu Dios te acompañará dondequiera que vayas. (Josué 1:6–9)

Dios sabía que Josué iba enfrentar muchas dificultades y por lo tanto necesitaba valor.

Nosotros podemos ayudar a nuestros adolescentes ejercitar valor mientras ellos aprenden a ser líderes que toman la "Tierra Prometida" para el Reino de Dios. El conocimiento del destino de Dios en sus vidas los ayudará a tomar pasos de fe y valentía. "Porque Dios nos dio un Espíritu que no produce timidez, sino poder, amor y autodisciplina."

Dios le dio a Josué un manual, el Libro de la Ley, para guiarlo en sus acciones como líder. Al meditar en la Palabra de Dios y permitir que los principios bíblicos los guíen, nuestros adolescentes aprenderán a pararse firme en Dios, sin mirar hacia la derecha ni a la izquierda, mientras se relacionen con sus compañeros. Cuando alguien trata de influenciarlos de manera que vaya en contra de sus principios bíblicos, ellos tendrán la fuerza para tomar la decisión que vire hacia la dirección piadosa. No importa con lo que se encuentren, nuestros jóvenes no necesitan tener miedo o desanimarse. Como hijos de Dios, ellos pueden tomar el liderazgo con confianza sabiendo que Dios está con ellos.

Tomando Acción

Después de recibir la instrucción de Dios, Josué respondió con acción:

> Entonces Josué dio la siguiente orden a los jefes del pueblo: "Vayan por todo el campamento y díganle al pueblo que prepare provisiones, porque dentro de tres días cruzará el río Jordán para tomar posesión del territorio que Dios el Señor le da como herencia." (Josué 1:10–11)

Josué comunicó una visión que motivó a la gente del pueblo a tomar acción. El delegó responsabilidad a los oficiales. El Señor le estaba dando a Israel la tierra, y Josué no dudó en tomar posesión de ella. Ya sea en un aula, en un equipo deportivo, o en un grupo de alabanza, los jóvenes tienen la oportunidad de comunicar la visión que motive a la gente a tomar acción.

Nehemías es otro ejemplo de un líder que tomó acción. Dios lo usó para inspirar a la gente a reconstruir la muralla de Jerusalén en cincuenta y dos días. Nehemías proporcionó tanto liderazgo espiritual como práctico:

> Así que se puso a la gente por familias, con sus espadas, aros y lanzas, detrás de las murallas, en los lugares más vulnerables y desguarnecidos. Luego de examinar la situación, me levanté y dije a los nobles y gobernantes, y al resto del pueblo; "¡No les tengan miedo! Acuérdense del Señor, que es grande y temible, y peleen por sus hermanos, por sus hijos e hijas, y por sus esposas y sus hogares." (Nehemías 4:13–14)

Nehemías tomó acción e inspiró a la gente a recordar su Dios y a luchar por sus familias y sus hijos.

Nosotros como padres tenemos un llamado muy importante en la vida de nuestros hijos. Necesitamos poner en alto el ejemplo de Yeshúa, y el de los líderes tal como Josué y Nehemías, para inspirar a nuestros jóvenes a ser líderes servidores de influencia piadosa para su propia generación, aun cuando el mundo a su alrededor parece dirigirse en la dirección contraria.

Conclusión

Padres, debemos caminar seguros en nuestra autoridad otorgada por el Señor para instruir y formar a nuestros hijos. Al embarcar en este viaje utilizando los principios bíblicos e implementando métodos bíblicos en nuestra crianza a diario, podemos tener la confianza que estamos haciendo todo lo que podemos para lograr que nuestros hijos vivan para el Señor. Debemos confiar que Dios nos dará la habilidad para formar a nuestros hijos desde la infancia hasta la niñez, y a través de su juventud.

Debemos persever en este gran llamado que es el ser un padre o una madre. Yo creo que este pasaje de Hebréos 10:35–36 ofrece palabras de alento:

> Así que no te deshagas ese valor tuyo, que lleva consigo tan grande recompensa. Porque necesitas mantenerte firme, de manera que habiendo hecho la voluntad de Dios, recibas lo que él ha prometido.

Como padres de cuatro niños, Silvia y yo bien entendemos los desafíos que vienen a diario. En un día cualquiera, si nos fijamos en la inmediatez de la conducta de nuestros hijos y la comparamos con nuestra visión para ellos, podemos llegar a ser fácilmente desalentados. Debemos recordar que rara vez con una sola disciplina o estímulo lograremos hacer la diferencia en sus vidas.

Más que todo, es la constancia de nuestro amor, nuestro ejemplo, nuestro ánimo, y nuestra disciplina en el transcurso de los años formativos de nuestros hijos, que logrará hacer la diferencia en sus vidas.

Por lo tanto, debemos mantener nuestro rumbo. Debemos ser consistentes aún cuando parece que nuestra aplicación de los principios bíblicos no parece estar llegando a un resultado positivo. Lograremos hacer la diferencia si perseveramos en hacer la voluntad de Dios. Tenga fe en la Palabra de Dios y camine con la Palabra de Dios mientras camina con su hijo.

Cuando Dios nos dio a nuestros hijos, él sabía que no seríamos padres perfectos, pero aun así nos dio esta misión. No existe un padre perfecto en este mundo, pero si consistentemente seguimos la Palabra de Dios para formar a nuestros hijos, grandes bendiciones vendrán para ellos. ¡Que el favor del Señor descanse en sus hijos, y en ustedes, mientras humildemente siguen este gran llamado que es ser un padre!

Bibliografía

Abrams, J. y S. Abrams. *Jewish Parenting: Rabbinic Insights.* Northvale, NJ: Jason Aronson, 1994.

Cohen, S. B. *Children in Halachah.* Brooklyn: Publicaciones Mesorah, 1993.

Donin, H. H. *To Raise a Jewish Child: A Guide for Parents.* Nueva York: Basic Books, 1977.

Ezzo, G., y A.M. Ezzo. *Let the Children Come Along the Virtuous Way.* Louisiana, MO: Growing Families International, 2002.

Fugate, B. *What the Bible Says About... Child Training.* 2nda ed. Tempe, AZ: Foundation for Biblical Research, 1996.

Kasdan, B. *God's Appointed Times: A Practical Guide for Understanding and Celebrating the Biblical Holidays.* Clarksville: Lederer Books, 1993.

Lancaster, D. T. *Restoration: Returning the Torah of God to the Disciples of Jesus.* Littleton, CO: First Fruits of Zion, 2005.

Meier, P. D. *Christian Child-Rearing and Personality Development.* Grand Rapids, MI: Baker Book House, 1977.

Switzer, T. y L. Switzer. "Parenting Is an Adventure Seminar." Manuscrito no-publicado.

Switzer, T. y L. Switzer. "Secrets in the Adventure of Family Life: Parenting Is and Adventure." Sesiónes Grabadas 1–7, 1997.

Ta'aseh, T. *Honoring Parents in Halachah: A Practical Guide.* Southfield, MI: Targum Press, 2004.

Telushking, J. *The Book of Jewish Values.* Nueva York: Bell Tower, 2000.

Twerski, A., y U. Schwartz. *Positive Parenting: Developing Your Child's Potential.* Brooklyn: Publicaciones Mesorah, 1996.

Walsh, D. "Educating Children in the Dot-Com Age." Discurso de Apertura para la Conferencia para el Programa para Lideres en Educación en el 2001 Summer Institute para Nova Southeastern University National Ed.D.

Webster, N. *American Dictionary of the English Language.* Facsimile 1era ed. San Francisco, CA: The Foundation for American Christian Education, 1967 (1828).

His Names Are Wonderful
Barbara D. Malda
Come and Worship
Under THE FIG TREE
PATRICK GABRIEL LUMBROSO
Under THE VINE
PATRICK GABRIEL LUMBROSO
THE WORLD TO COME
David H. Stern
MESSIANIC JUDAISM
STERN
GOD'S APPOINTED CUSTOMS
KASDAN
GOD'S APPOINTED TIMES
KASDAN
GATEWAYS TO TORAH
RABBI RUSSELL RESNIK
CREATION TO COMPLETION
To the Ends of the Earth
On The Way to Emmaus
Dr. Jacques Doukhan
YESHUA
JEWISH NEW TESTAMENT COMMENTARY
MATTHEW PRESENTS YESHUA, KING MESSIAH
KASDAN

Printed in the United States
by Baker & Taylor Publisher Services